MORIR CON CERO

BILL PERKINS

MORIR CON CERO

Sácale todo el provecho
a tu dinero y a tu vida

EDICIONES OBELISCO

Si este libro le ha interesado y desea que le mantengamos informado de nuestras publicaciones, escríbanos indicándonos qué temas son de su interés (Astrología, Autoayuda, Psicología, Artes Marciales, Naturismo, Espiritualidad, Tradición…) y gustosamente le complaceremos.

Puede consultar nuestro catálogo en www.edicionesobelisco.com

Este libro expone ideas de su autor. El autor no es asesor financiero y, por tanto, este libro no pretende ser un sustitutivo de la consulta con un asesor financiero o contable titulado o con cualquier otro profesional de este ramo. El editor y el autor rechazan toda responsabilidad por cualquier efecto adverso resultante, directa o indirectamente, de la información contenida en la obra.

Colección Éxito
Morir con cero
Bill Perkins

1.ª edición: junio de 2022
4.ª edición: septiembre de 2024

Título original: *Die with Zero*

Traducción: *David George*
Corrección: *M.ª Jesús Rodríguez*
Diseño de cubierta: *Enrique Iborra*
Ilustraciones y gráficos: *Charles Denniston* (usados con permiso)

© 2020, William O. Perkins III
Publicado por acuerdo con Harper Collins Publishers LLC.
(Reservados todos los derechos)
© 2022, Ediciones Obelisco, S. L.
(Reservados los derechos para la presente edición)

Edita: Ediciones Obelisco, S. L.
Collita, 23-25. Pol. Ind. Molí de la Bastida
08191 Rubí - Barcelona - España
Tel. 93 309 85 25
E-mail: info@edicionesobelisco.com

ISBN: 978-84-9111-874-9
Depósito Legal: B-10.304-2022

Impreso en los talleres gráficos de Romanyà/Valls S. A.
Verdaguer, 1 - 08786 Capellades - Barcelona

Printed in Spain

A Skye y Brisa,
que tengáis la vida más plena posible,
llena de aventuras y amor.

NOTA DEL AUTOR

Puede que ya conozcas la fábula clásica de Esopo sobre la cigarra y la hormiga. La diligente hormiga trabajó todo el verano almacenando comida para el invierno, mientras que la despreocupada cigarra jugaba y se divirtió todo el verano. Así, cuando llegó el invierno, la hormiga pudo sobrevivir, mientras que la cigarra pasó graves aprietos. La moraleja de la fábula es que hay un tiempo para trabajar y un tiempo para jugar.

Gran moraleja; *pero ¿cuándo juega la hormiga?*

Ésta es la temática de mi libro. Sabemos lo que le pasa a la cigarra (se muere de hambre); pero ¿qué le ocurre a la hormiga? Es decir, si la hormiga pasa su corta vida trabajando como una esclava, ¿cuándo se divierte? Todos tenemos que sobrevivir, pero todos queremos hacer mucho más que sobrevivir. Queremos *vivir de verdad*.

Eso es en lo que me centro en este libro: en medrar, y no sólo en sobrevivir. Este libro *no* trata de hacer crecer tu dinero, sino de hacer crecer tu *vida*.

He estado pensando en estas ideas durante años y discutiendo sobre ellas con amigos y colegas, y ahora quiero hacértelas llegar a ti. No dispongo de todas las respuestas, pero tengo algo que decirte que sé que enriquecerá tu vida.

No soy un asesor financiero titulado ni un consultor de inversiones familiares. Sólo soy alguien que quiere vivir su vida al máximo, y deseo lo mismo para ti.

Creo que todo el mundo desea ese tipo de vida, pero sabemos que no todos podemos alcanzarla. Y para ser honesto: si estás batallando para llegar a fin de mes, puede que saques algún provecho de este libro, pero menos que alguien con suficiente dinero, salud y tiempo libre para tomar verdaderas decisiones sobre cómo dar el mejor uso a sus recursos.

Por lo tanto, sigue leyendo. Espero, por lo menos, hacerte reflexionar y reconsiderar algunas de tus suposiciones básicas sobre la vida.

BILL PERKINS
Verano de 2019

MORIR CON CERO

1

OPTIMIZA TU VIDA

Norma número 1:
Maximiza tus experiencias positivas de la vida

En octubre de 2008, Erin y su marido, John, eran abogados de éxito y tenían tres hijos pequeños cuando se enteraron de que John padecía un sarcoma de células claras: un tipo de cáncer raro y de crecimiento rápido que afecta a los tejidos blandos del cuerpo. «Nadie pensó que alguien sano y con treinta y cinco años podría tener un tumor del tamaño de una pelota de béisbol», recuerda Erin. Nadie sospechó de un cáncer hasta que el tumor se extendió hasta los huesos de la espalda y las piernas de John. «No fuimos capaces de comprender lo grave que era su estado hasta que le hicieron una radiografía y ésta aparecía iluminada como un árbol de Navidad», dice Erin. El sombrío diagnóstico la aterrorizó y la superó; y con John demasiado enfermo para trabajar, toda la carga de cuidar de la familia física y económicamente recayó sobre ella. Era una carga demasiado pesada para una sola persona.

Yo era amigo de Erin desde que éramos niños, así que quería hacer todo lo que estuviera en mi mano por hacer que la situación fuese menos terrible.

—Deja de hacer lo que estás haciendo –le dije–, y pasad tiempo siendo una familia mientras John pueda.

También me ofrecí a ayudarla con los gastos.

Resulta que estaba gastando saliva: Erin ya había estado pensando en dejar de trabajar para centrarse en lo que de verdad importaba. Y eso es lo que hizo. Por lo tanto, en su época en Iowa, entre los tratamientos contra el cáncer de John, la pareja disfrutó de placeres sencillos como la compañía mutua: iban al parque, veían películas, jugaban a videojuegos e iban juntos a recoger a sus hijos al colegio.

En noviembre, cuando los médicos locales habían hecho todo lo que habían podido, sin éxito, Erin encontró un ensayo clínico en Boston, y decidieron viajar allí para que John se sometiera a un tratamiento experimental. Mientras John todavía pudo caminar, emplearon el tiempo libre en hacer recorridos históricos por la ciudad. Sin embargo, al poco tiempo, su esperanza se desvaneció, y un día John se vino abajo al pensar en todo lo que se perdería: desde ver a sus hijos crecer hasta pasar muchos años junto a Erin.

John falleció en enero de 2009, justo tres meses después de su diagnóstico. Al echar la vista atrás hasta ese período, Erin recuerda el trauma y la devastación, pero se alegra de haber dejado su trabajo para estar en casa con John.

La mayoría de la gente hubiera hecho lo mismo en esas circunstancias. La muerte despierta a la gente y, cuanto más cerca está, más despiertos y conscientes nos volvemos. Cuando el final está cerca, empezamos, repentinamente, a pensar, «¿Qué diablos estoy haciendo? ¿Por qué he esperado tanto?». Hasta entonces, la mayoría de nosotros pasamos por la vida como si dispusiésemos de todo el tiempo del mundo.

Parte de ese comportamiento es racional. Sería ridículo vivir cada día como si fuese el último: no te preocuparías por trabajar, estudiar para un examen o acudir a la consulta del dentista. Por lo tanto, tiene sentido demorar la gratificación en un cierto grado, ya que eso acaba dando sus frutos a largo plazo. No obstante, la triste verdad es que demasiada gente retrasa la recompensa durante demasiado tiempo o indefinidamente. Deja de lado lo que quiere hacer hasta que es demasiado tarde, ahorrando dinero para experiencias que nunca disfrutará. Vivir como si tu vida fuese infinita es lo contrario a asumir la visión a largo plazo: es algo terriblemente corto de miras.

Es cierto que la historia de Erin y John es un caso extremo. Un sarcoma de células claras en estado avanzado es algo raro, y la muerte estaba mirándole a los ojos a esta pareja mucho más pronunciadamente de cómo lo hace en el caso de la mayoría de la gente. Pese a ello, el reto que presentaba su situación es común a todos nosotros: la salud empeora con el tiempo, y tarde o temprano todos fallecemos, por lo que la pregunta a la que todos debemos responder es cómo sacarle el máximo provecho a nuestro tiempo finito en este mundo.

Expuesta así, parece una pregunta elevada y filosófica, pero ésta no es la forma en la que yo lo veo. He recibido formación como ingeniero y he hecho mi fortuna sobre la fortaleza de mis habilidades analíticas, por lo que considero esta pregunta como un problema de optimización: cómo maximizar la realización al tiempo que minimizo el despilfarro.

El problema de todos nosotros

Todos nos enfrentamos a alguna versión de esta pregunta. Por supuesto, la cantidad de dinero varía entre las personas, a veces enormemente, pero la pregunta fundamental es la misma para todos nosotros: ¿cuál es la mejor forma de distribuir nuestra energía vital antes de morir?

He pensado en esta pregunta durante muchos años, remontándome a cuando apenas ganaba lo suficiente para vivir y, con el tiempo, he desarrollado varios principios rectores que tienen sentido. Son las ideas subyacentes en este libro. Algunas experiencias, por ejemplo, sólo pueden disfrutarse en determinados momentos: la mayoría de la gente no puede hacer esquí acuático siendo nonagenaria. Otro principio: aunque todo poseemos, como mínimo, el potencial de ganar más dinero en el futuro, nunca podemos retroceder y recuperar el tiempo perdido. Por lo tanto, no tiene ningún sentido permitir que las oportunidades nos pasen por delante por miedo a malgastar nuestro dinero. Malgastar nuestra vida debería suponer una preocupación mucho mayor.

Creo firmemente en estas ideas, y las predico siempre que tengo la oportunidad. Tanto si se trata de alguien de veinticinco años con miedo a perseguir su sueño y que, en lugar de ello, se conforma con un trabajo seguro pero que le parte el alma, como si se trata de un multimillonario de sesenta años que sigue trabajando muchas horas para ahorrar más dinero para su jubilación en lugar de disfrutar de la gran riqueza que ya ha acumulado. Odio ver a la gente malgastar sus recursos y postergar vivir ahora su vida al máximo, y se lo digo. Practico lo que predico tanto como puedo. Ciertamente, muchas veces soy como un entrenador de fútbol americano gordo en la línea de banda que no logra seguir sus propios consejos, pero cuando me pillo haciendo eso, hago correcciones, y leerás sobre algunas de ellas más adelante en este libro. Ninguno somos perfectos, pero yo lo hago lo mejor que puedo con el fin de hacer lo que predico.

Todos somos parecidos y todos, diferentes

Vivir la vida al máximo adopta muchas formas. A mí, por ejemplo, me encanta viajar y adoro el póquer, por lo que hago muchos viajes, algunos de ellos para jugar en torneos. Esto significa que gasto un gran porcentaje de mis ahorros cada año en viajar y en el póquer. Pero no me malinterpretéis: no defiendo que todo el mundo deba gastarse sus ahorros en viajes, y mucho menos en el póquer. Lo que *sí* defiendo es que decidas lo que te hace feliz y que luego transformes tu dinero en las experiencias que escojas.

Naturalmente, esas placenteras experiencias varían entre las distintas personas: algunas son activas y aventureras, y otras prefieren quedarse cerca de casa. Algunas obtienen una gran satisfacción derrochando en sí mismas, su familia y sus amigos, mientras que otras prefieren dedicar su tiempo y su dinero a los que son menos afortunados que ellos. Y, por supuesto, podemos disfrutar de una mezcla de experiencias. Por más que me encante viajar, también me gusta dedicar mi tiempo y dinero a promover causas que me importan: desde protestar contra los rescates bancarios hasta proporcionar ayuda para solucionar los problemas generados por los huracanes a mis vecinos de las Islas Vírgenes de Estados Unidos. Por lo tanto, no intento decirte que un conjunto de experiencias sea mejor que otro, sino que deberías escoger tus experiencias deliberada e intencionadamente en lugar de vivir la vida en modo piloto automático, como hacemos muchos.

Por supuesto, es más complicado que simplemente saber lo que te hace feliz y gastar tu dinero en esas experiencias en todo momento. Esto es así porque nuestra capacidad de disfrutar de distintos tipos de experiencias cambia a lo largo de la vida. Piensa en ello: si tus padres te llevaron de viaje a Italia siendo niño, ¿qué obtuviste de esas caras vacaciones aparte de, quizás, un amor de por vida por el helado italiano? O piensa en el otro extremo: ¿cuánto crees que disfrutarás de la escalinata de la plaza de España de Roma a los noventa años (si es que sigues con vida y eres capaz de subir todos esos escalones para entonces)? Ésta es la pregunta que propone el título de un artículo de una revista sobre economía, «¿De qué sirve la riqueza sin salud?».[1]

En otras palabras, para sacarle todo el jugo a tu tiempo y dinero, la elección del momento oportuno sí importa. Así pues, para incrementar la satisfacción general de tu vida, es importante disfrutar de cada experiencia a la edad adecuada, y eso es cierto independientemente de aquello con lo que disfrutes o de cuánto dinero tengas. Por lo tanto, aunque la magnitud de la satisfacción en la vida de cada uno variará (por ejemplo, gente con relativamente pocos excedentes procedentes de sus ingresos tienden a tener menores niveles de realización, y la gente feliz por naturaleza suele tener unos mayores niveles de satisfacción), todos necesitamos elegir el momento adecuado para disfrutar de nuestras experiencias. Maximizar tu satisfacción procedente de las experiencias (planeando cómo emplearás tu tiempo y dinero para alcanzar las mayores cimas que puedas con los recursos de los que dispones) es la forma en la que maximizas tu vida. Haciéndote cargo de esas decisiones cruciales te haces cargo de tu vida.

El milmillonario honorífico

Algunos de mis amigos me llaman «milmillonario honorífico», lo que significa exactamente lo que crees: en realidad no soy milmillonario, pero gasto como si lo fuera.

Pese a ello, la verdad es que la mayoría de los milmillonarios no gastan su fortuna durante su vida. Hay un límite a cuánto puede gas-

---

1. FINKELSTEIN, A.; LUTTMER, E. F. P. y NOTOWIDIGDO, M. J. (2013): «What Good is Wealth Without Health? The Effect of Health on the Marginal Utility of Consumption», *Journal of the European Economic Association,* vol. 11, pp. 221-258.

tarse una persona en sí misma, incluso aunque tenga los gustos más lujosos, por lo que los ultrarricos tienden a donar mucho dinero. Sin embargo, colectivamente, los 2 000 hogares más adinerados de Estados Unidos (la mayoría de ellos formados por gente anciana) donan tan sólo el 1 % de su riqueza total cada año: un ritmo al que de ningún modo podrán gastar todos sus recursos antes de fallecer.[2] No hablo solamente de los apestosamente ultrarricos. Los hogares más acaudalados también incluyen a los más generosos filántropos actuales (gente como Bill Gates, Warren Buffett y Michael Bloomberg, todos ellos han prometido donar su fortuna). Sin embargo, estos extraordinarios donantes tienen problemas para gastarse sus miles de millones con la suficiente rapidez. Eso se debe, en parte, a que han amasado tanta riqueza que su dinero crece cada año a más velocidad de la que pueden donarlo de forma meditada y responsable. Gates, por ejemplo, ha visto cómo su riqueza casi se doblaba desde 2010, incluso pese a que se ha dedicado a combatir la enfermedad y la pobreza. Aunque odio meterme con alguien que está haciendo tantísimo bien en el mundo, tengo que preguntarme cuánto más podría hacer la inmensa fortuna de Gates si se las ingeniara para hacer uso de ella en este preciso momento.

Por lo menos, Gates tuvo la inteligencia y la previsión de dejar de trabajar por dinero cuando todavía era lo suficientemente joven para empezar a gastarlo a lo grande. Demasiada gente acaudalada de éxito no logra hacer eso, e incluso Gates debería haberse retirado del trabajo remunerado hace tiempo, antes de acumular varias veces lo que podría gastarse en una vida. La vida no es un juego de *Invasores espaciales*: no te dan puntos por todo el dinero que acumulas en el juego, pero mucha gente se la toma como si fuera así. Simplemente no dejan de ganar más y más dinero, intentando maximizar su riqueza sin reflexionar tanto sobre cómo maximizar lo que podrían obtener con su riqueza, incluyendo lo que pueden darles ahora a sus hijos, amigos y la sociedad en general, en lugar de esperar hasta morir.

---

2. CALLAHAN, D.: «The Richest Americans are Sitting on $4 Trillion. How Can They Be Spurred to Give More of it Away? », *Inside Philanthropy*, www.insidephilanthropy.com/home/2018/12/4/the-richest-americans-are-sitting-on-4-trillion-how-can-they-be-spurred-to-give-more-of-it-away

Una conversación que me cambió la vida

No siempre pensé así, y desde luego no lo pensaba cuando estaba en mi primer trabajo después de salir de la universidad. En la Universidad de Iowa jugué al fútbol americano y me gradué en ingeniería eléctrica. Pese a que me encantaba la ingeniería y sigo teniendo una mentalidad optimizadora, sabía, para cuando los reclutadores de empleo vinieron al campus, que simplemente no había forma de que pudiera seguir la típica trayectoria laboral en el sector de la ingeniería. Trabajar para una compañía como, digamos IBM, me llevaría años de trabajo en una subsección de una subsección de un chip para tener la oportunidad de llevar a cabo algún diseño propiamente dicho. Eso no parecía emocionante. El rígido horario (con sólo un par de semanas de vacaciones anuales) se interpondría en el camino de las otras cosas que quería hacer. Ciertamente, era joven y tenía sueños de grandeza, pero estaba seguro de que había algo mucho mejor para mí ahí fuera.

La película *Wall Street* se estrenó durante mis años universitarios. En la actualidad, la mayoría de la gente se ríe de un modo u otro de ella: ridiculizamos a Gordon Gekko, el personaje de pelo engominado interpretado por Michael Douglas, que nos decía que «La avaricia, a falta de una palabra mejor, es buena». Todos sabemos a dónde llevó a nuestro país ese tipo de capitalismo desenfrenado, pero en esa época, el estilo de vida acaudalado y despreocupado que retrataba esa película me atraía realmente. Percibía que el sector financiero me proporcionaría el tipo de libertad que deseaba.

Por lo tanto, acepté un trabajo en la Bolsa Mercantil de Nueva York. Mi cargo era el de «empleado de cribado»: un asistente, un don nadie que hacía cosas como llevarle bocadillos a mis jefes a hurtadillas. Era el equivalente en el sector financiero de trabajar en la oficina de clasificación de correspondencia en Hollywood.

Mi salario en ese empleo empezó siendo de 16 000 mil dólares anuales (no era exactamente suficiente para vivir en la ciudad de Nueva York, incluso remontándonos a principios de la década de 1990), por lo que volví a vivir con mi madre en el condado de Orange (Nueva Jersey). Después de que me ascendieran a «jefe de empleados de cribado» y de que estuviera ganando 18 000 dólares anuales, pude mudarme al Upper West Side de Manhattan compartiendo un estudio. Mi compañero de piso y yo pusimos una pared improvisada que me proporcionó una cuasi habitación del tamaño de un horno de pizza. Tenía tan pocos ingresos disponibles en esa época que si no compraba un pase mensual para el metro me arruinaba porque no podía permitirme comprar los billetes sencillos a diario. Si invitaba a una cita al cine, me entraban sudores fríos si mi acompañante pedía palomitas. En serio.

Por lo tanto, empecé a conducir la limusina de mi jefe por las noches para ganar un dinero extra, y me volví extremadamente ahorrador, intentando guardar tanto dinero como podía. El único tipo más agarrado que yo al que conocía era mi amigo Tony, que gorroneaba los granos de maíz que no habían explotado de un cuenco de palomitas para poder reaprovecharlos más adelante, después de refrigerarlos con la esperanza de que recuperaran de nuevo su grado de humedad.

Me sentía orgulloso de mi frugalidad satisfecho conmigo mismo por lograr ahorrar dinero con unos ingresos tan bajos. Entonces, un día, estaba llevando a Joe Farrell, mi jefe y socio de la compañía para la que trabajaba, y de algún modo empezamos a hablar sobre mis ahorros (creo que eran de unos 1 000 dólares entonces), pensando que admiraría mis habilidades para la gestión del dinero. ¡Vaya si estaba equivocado! Ésta fue su infame respuesta:

—¿Eres jod*d*mente idiota? ¿Ahorrar ese dinero?

Fue como una bofetada en toda mi cara. Siguió hablando:

—¡Tu capacidad de ganar dinero llegará! ¿Crees que sólo ganarás 18 000 dólares anuales durante el resto de tu vida?

Estaba en lo cierto. No había aceptado un empleo en Wall Street para ganar tan poco, y casi con completa seguridad ganaría más en los próximos años. Así pues, ¿debía ahorrar este porcentaje aleatorio de mis modestos ingresos para el futuro? ¡Lo que debía hacer era disfrutar de esos exiguos 1 000 dólares en ese preciso momento!

Fue un momento que me cambio la vida: simplemente me abrió la mente a nuevas ideas sobre cómo equilibrar los ingresos y los gastos. No lo sabía en aquella época, pero de lo que estaba hablando Joe Farrell es, de hecho, una idea bastante antigua en el mundo de las finanzas y la contabilidad. Se llama *suavización del consumo*. Nuestros ingresos puede que varíen de un mes a otro o de un año a otro, pero eso no significa que los gastos deban reflejar esas variaciones: nos iría mejor si las allanásemos. Para hacer eso necesitamos, básicamente, transferir dinero de los años de abundancia a los de vacas flacas. Ésa es una de las utilidades de las cuentas de ahorro; pero en mi caso, había estado usando mis ahorros totalmente al revés: ¿estaba retirando dinero de mi yo joven y famélico para dárselo a mi yo futuro más rico? No es de extrañar que Joe me dijera que era idiota.

Al leer esto hoy puede que digas: «De acuerdo, la suavización del consumo tiene sentido en teoría, pero ¿cómo podrías realmente saber que serás mucho más rico en el futuro de lo que lo eras entonces? No todo empleado de cribado llega a convertirse en un inversor de éxito, al igual que no todo empleado de una oficina de clasificación del correo de Hollywood llega a convertirse en un magnate de los estudios cinematográficos.

Es una buena pregunta y soy el primero en admitir que hubo muchas cosas que tuvieron que salir bien para que llegara hasta donde estoy hoy. Es cierto que no podía predecir la *magnitud* de mis ganancias futuras, pero aquí está la clave: acerté en cuanto a tener confianza sobre la *dirección* de mis ingresos. No podía saber que llegaría a ganar millones, pero sí que sabía, ciertamente, que ganaría más de 18 000 dólares anuales. De hecho, sabía que podría haber trabajado de camarero y ganar más.

La bolsa o la vida

Justo alrededor de esa época, tropecé con un libro importante e influyente: *La bolsa o la vida: los 9 pasos para transformar tu relación con el dinero y alcanzar la libertad financiera*, de Vicki Robin y Joe Dominguez. Ese libro, que me he releído varias veces desde entonces y que, veinticinco años después, es ahora popular entre una nueva generación de lectores, muchos de los cuales forman parte del movimiento IEJP («independencia económica, jubílate pronto»), transformó por completo mi conocimiento sobre el valor de mi tiempo y mi vida: me di cuenta, a partir de su lectura, que estaba malgastando valiosas horas de mi vida.

¿Cómo? El libro sostenía que tu dinero representa energía vital. La *energía vital* son todas las horas que estás vivo para hacer cosas, y siempre que trabajas empleas parte de esa energía vital finita. Por lo tanto, cualquier cantidad de dinero que hayas ganado mediante tu trabajo representa la cantidad de energía vital que has empleado ganando ese dinero. Eso es cierto independientemente de lo mucho o poco que te pague tu trabajo. Por lo tanto, incluso aunque sólo ganes 8 dólares por hora, gastarlos también significa gastar una hora de valor de tu energía vital. Esa sencilla idea tuvo un gran impacto en mí, golpeándome con mucha más dureza que el viejo cliché de que el tiempo es oro. Empecé a pensar: «¡Te estás llevando mi energía vital y me estás dando papel!». Era como el final de *The Matrix*, cuando Neo deambula viendo el mundo tal y como es. Así es como me encontraba después de leer el libro: empecé a darle vueltas, calculando las horas que necesitaba para comprar cosas. Veía una camisa bonita, hacía los cálculos matemáticos mentales y pensaba: «No. ¡No puedes hacerme trabajar dos horas simplemente para comprarme esa camisa!».

Varias otras ideas que aparecían en ese libro se me quedaron grabadas, pero sólo compartiré la más relevante para las páginas que estás leyendo ahora: un salario más alto no siempre significa más ingresos por hora. Por ejemplo, una persona que gane 40 000 dólares anuales puede que esté ganando más por hora que alguien que gane 70 000 mil. ¿Cómo es eso posible? Una vez más, todo tiene que ver con la energía vital. Si el empleo de 70 000 dólares anuales te cuesta más en términos de tu energía vital (el coste de unos largos viajes diarios al trabajo en la gran ciudad, el coste del tipo de ropa que necesitas para mantener ese empleo de alto estatus y, por supuesto, las horas extra que tienes que dedicarle al trabajo en sí), entonces la persona que gana el salario más elevado suele acabar siendo más pobre al final. Esta persona que supuestamente gana más también tiene menos tiempo libre para disfrutar del dinero que gana. Por lo tanto, cuando compares empleos, realmente tienes que incluir esos costes ocultos pero esenciales.

Para mí, todo se reduce a galletas. Por el bien del cartílago entre mis rodillas y por otras razones relativas a la salud, me gusta mantener un cierto peso corporal, por lo que cuando miro una galleta la transformo en tiempo en la cinta de correr. A veces, cuando veo una galleta que tiene un buen aspecto, le doy un bocadito para ver lo bien que sabe, y luego me pregunto: «¿Vale, el comerme esta galleta, caminar una hora extra en la cinta de correr?». La repuesta no siempre es que no (aunque suele serlo), pero sea como fuere, nunca es una decisión irreflexiva. Este tipo de cálculos (ya sea con el dinero y el tiempo, o con la comida y el ejercicio) nos ayuda a ser más reflexivos con nuestras elecciones, lo que en último término significa que estamos llevando a cabo mejores elecciones que si actuamos a partir del impulso o el hábito.

No estoy diciendo que todos los trabajos (o todos los entrenamientos) sean un sumidero de tiempo. Probablemente disfrutas con aspectos de tu trabajo. De hecho, puede que fueras feliz haciendo parte de él incluso aunque no te pagaran por ello. Pero esa supone la menor parte del trabajo de la mayoría de la gente: si no tuviésemos que trabajar para ganar dinero, casi todos nosotros encontraríamos otras cosas que preferiríamos hacer con nuestro tiempo.

Como estadounidenses, estamos imbuidos de la anticuada ética laboral, pero la gente de muchas otras culturas comprende que la vida tiene que ver con muchas más cosas que con el trabajo. Obtienes una sensación de eso a partir de la cantidad de vacaciones anuales pagadas que la gente de muchos países europeos disfruta: seis semanas o más en lugares como Francia y Alemania. En la isla de San Bartolomé, que es uno de mis lugares favoritos en el mundo, todas las tiendas cierran durante dos horas a mitad del día para que todos puedan salir con sus amigos y disfrutar de una comida larga y agradable. Eso supone un equilibrio entre trabajo y vida mucho mejor del que la mayoría de nosotros estamos acostumbrados.

Tu vida es la suma de tus experiencias

Y eso también va mucho en la onda de *La bolsa o la vida: los 9 pasos para transformar tu relación con el dinero y alcanzar la libertad financiera*. Por encima de todo, los autores de ese libro nos conminan a no sacrificar nuestra vida por el dinero, ya que no quieren que seamos esclavos de nuestro trabajo y nuestras posesiones. Así pues, ¿cómo sugieren que abordemos el hecho de alcanzar esta independencia económica? El camino que exponen es el de la frugalidad: escoger vivir sencillamente, de forma que no necesites mucho dinero. Pese a ello, ésa no es una de mis grandes moralejas de su libro, que hace que cambien las vidas, y no es lo que defiendo para ti.

En lugar de ello, soy un firme creyente en el valor de las experiencias. Éstas no tienen por qué costar mucho dinero, e incluso pueden ser gratis, pero las experiencias que valen la pena suelen costar algo de dinero. El viaje inolvidable, las entradas para un concierto, perseguir un sueño empresarial o una nueva afición: todas ellas cuestan dinero, y a veces mucho. Para mí ése es dinero que vale la pena gastar. Muchos estudios psicológicos han demostrado que gastar dinero en experiencias nos hace más felices que gastarlo en cosas. Al contrario que las posesiones materiales, que parecen emocionantes al principio, pero que luego suelen perder valor rápidamente, las experiencias, de hecho, ganan en valor con el tiempo: pagan lo que llamo *dividendos en forma de recuerdos*, algo sobre lo que leerás mucho más en el siguiente capítulo. Vivir con un presupuesto ajustado cuando puedes permitirte más te priva de esas experiencias y hace que tu mundo sea más pequeño de lo necesario.

Por lo tanto, tu vida es la suma de tus experiencias; pero ¿cómo maximizar su valor para así sacarle el máximo provecho a tu única vida? O, tal y como he expuesto anteriormente en este capítulo, ¿cuál es la mejor forma de emplear tu energía vital antes de morir?

Éste libro es mi respuesta a esa pregunta.

¿Por qué este libro?

Este libro empezó como una aplicación. Sabía que tenía que existir una forma óptima de emplear tu energía vital, y que la mayoría de la gente lo estaba haciendo de forma subóptima. Parte de la razón es la complejidad de los cálculos matemáticos. Como humanos, tenemos problemas a la hora de procesar grandes cantidades de datos que impliquen múltiples variables, y cuando nos agobiamos ponemos el piloto automático, y el resultado dista mucho de ser óptimo. Los ordenadores son mucho mejores a la hora de resolver este tipo de problemas. Por lo tanto, concluí que crearía una aplicación que ayudara a la gente a optimizar su vida o que, por lo menos, se acercase tanto como razonablemente pudieran hacerlo una persona y un ordenador.

Hace algunos años, estaba hablando con mi médico (uno de esos facultativos de Los Ángeles que básicamente intenta mantenerte vivo para siempre). Su nombre es Chris Renna y trabaja en una clínica llamada LifeSpan, que lleva a cabo pruebas supercompletas para detectar los problemas precozmente. Cuanto antes detectes los problemas médicos, más serán tus probabilidades no sólo de evitar calamidades, sino también de tener una vida más saludable. Si, por ejemplo, te has roto algo y evitas que se rompa más, tendrás una mejor calidad de vida. Por lo tanto, me hacía todo tipo de preguntas para detectar los trastornos médicos precozmente. Preguntas como «¿Duermes siete horas cada día?», «¿Cómo va tu vida amorosa?» o «¿Tienes problemas cuando orinas?». Todo lo que pudiera preguntar. Y entonces, como parte de la evaluación psicológica, hacia una pregunta sobre el estrés económico: «¿Tienes miedo de quedarte sin dinero?».

Le contesté:

—¡Espero quedarme sin dinero!

Me miró sorprendido. Así pues, me metí de lleno en todo mi discurso sobre querer una vida llena de experiencias y cómo no podré usar mi dinero cuando esté muerto o sea demasiado viejo para disfrutar de muchas experiencias, y que, por lo tanto, debería aspirar a morir con cero. Me dijo que nunca nadie había contestado a esa pregunta de esa forma. A pesar de que sus pacientes suelen ser ricos, muchos de ellos tienen miedo de quedarse sin dinero. Le dije que estaba trabajando en una aplicación para ayudar a la gente con ese problema, y me contestó:

—No, tienes que escribir un libro. Tienes que salir a la palestra y explicar toda la historia: exponer todas tus ideas, y no sólo a los usuarios de la aplicación, y tienes que empezar ahora.

Incluso me presentó a escritores fantasma.

Pero el libro que estás leyendo no es exactamente la obra que el doctor Rena tenía en mente. Resulta que lo que más le emocionaba (la novedad de explicar por qué deberías morir con cero) era también lo que desencantaba a muchas personas. La gente rica no es, obviamente, la única que tiene miedo a quedarse sin dinero. Éste es un miedo que he oído una y otra vez de boca de personas que han escuchado mis ideas. Así pues, verás cómo abordo este miedo a lo largo del libro. A fin de cuentas, nadie intentaría nunca morir con cero si estuviese temeroso de alcanzar el cero antes de fallecer.

Sin embargo, quiero ser claro, ya que no todos los miedos económicos son iguales. Los miedos de algunas personas son irracionales: tienen abundantes recursos, por lo que, si planifican bien, no necesitarán preocuparse por quedarse sin dinero. Ésas son las personas para las que escribo: gente que ahorra demasiado para su propio bien; pero para millones de estadounidenses, y para miles de millones de personas que viven fuera de Estados Unidos, el miedo a quedarse sin dinero es más que un mero miedo. Lamentablemente, los más pobres entre nosotros se encuentran en ese barco: si tienes pocos ingresos o careces de ellos, entonces, por definición, dispones de pocas elecciones en cuanto a cómo gastar tu dinero, por lo que tiene todo el sentido para ti centrarte en sobrevivir. Los indigentes no pueden darse el lujo de intentar encontrar el equilibrio óptimo entre el trabajo y el ocio, o entre gastar ahora e invertir para el futuro. Dentro de los límites de sus pésimas circunstancias, la gente que vive en la pobreza probablemente ya esté haciendo todo lo que puede para sacarle todo el jugo a su dinero y a su vida.

El miedo a quedarse sin dinero también es razonable en el caso de quienes gastan despreocupadamente: éstas son personas que están, realmente, gastando demasiado excesivamente pronto, por lo que deberían tener miedo. Quiero darle la vuelta a la fábula de la cigarra y la hormiga para mostrarle a la gente que atrasar la gratificación hasta llegar a extremos significa no tener ninguna recompensa en absoluto. Sin embargo, también soy consciente de que, lamentablemente, hay mucha gente que se identifica demasiado bien con la cigarra.

Hasta cierto punto, este libro es para ambos lados. Tanto si eres María Derrochona, que sacrifica experiencias futuras que ni siquiera sabía que quería vivir, como si eres Juan El Que Se Mata Trabajando, que sigue yendo al trabajo haciendo algo que no le gusta para así ganar dinero para vivir experiencias que nunca disfrutará, estás viviendo de forma subóptima. Dicho esto, este libro tiene mucho más que ver con arrastrar a la hormiga hacia la cigarra que el caso contrario.

Hay muchas formas de ser subóptimo y sólo una de ser perfectamente óptimo. Ninguno de nosotros será nunca perfecto, pero si sigues los principios que aparecen en este libro evitarás los errores más atroces y obtendrás más de tu dinero y tu vida.

¿Cómo? Todos los seres vivos, incluyendo los humanos, son unidades procesadoras de energía.[3] Procesamos alimentos de modo que podamos proporcionar energía a nuestro organismo. Procesar energía nos permite no sólo sobrevivir en este mundo, sino también llevar una vida potencialmente satisfactoria: con esa energía podemos mantenernos activos en este planeta. El movimiento es vida y, a medida que nos movemos, obtenemos un *feedback* continuo, lo que nos lleva al descubrimiento, el asombro, el júbilo y a todo el resto de las experiencias que podemos tener a lo largo de la gran aventura que es la vida. Cuando ya no puedas procesar energía, certificarán tu defunción y tu aventura habrá acabado. Este libro trata de sacarle el máximo provecho a tu aventura antes de que acabe. Como la recompensa del procesamiento de energía son las experiencias que puedes escoger, parece lógico que la forma de sacarle todo el jugo a tu vida consista en maximizar el número de estas experiencias, especialmente de las positivas.

---

3. GOLD, T.: *The Deep Hot Biosphere.* Springer, Nueva York 1998. Edición digital: www.amazon.com/Deep-Hot-Biosphere-Fossil-Fuels/dp/0387985468. El hecho de que todos los seres vivos necesiten energía para permanecer vivos es un concepto básico de la biología, pero no fui consciente de su importancia hasta que leí el libro de Thomas Gold *The deep hot biosphere* (un libro importante para un inversor en el campo de las empresas energéticas, ya que Gold argumenta que la Tierra contiene mucho más petróleo del que sugiere la teoría de los combustibles fósiles sobre el origen del petróleo, mientras que los precios del oro negro se basan en un suministro escaso de petróleo). Pese a ello, lo más fascinante para mí fueron las partes del libro sobre los orígenes de la vida a partir de los más simples microbios hasta las criaturas más complejas, cada uno de ellos dependientes de la energía química almacenada en los niveles inferiores de la cadena alimentaria. Asimilé la idea de que soy una unidad procesadora de energía (UPE) del mismo modo en que lo es un robot o un coche. Eso me hizo pensar sobre lo caro que es, en términos de calorías, mover nuestro cuerpo, y lo interesante que es que construyamos máquinas como los aviones, que pueden transportarnos a grandes distancias y una velocidad elevada: somos, en esencia, UPE que construyen otras UPE. Si buscas una máquina inteligente, que se automejora y que se puede replicar, ya está aquí, y se llama especie humana.

Pero eso probablemente haga que el reto de la maximización parezca más fácil de lo que realmente es. Para sacarle todo el rendimiento a tu vida, no puedes empezar a aprovechar tantas experiencias de la vida positivas como seas capaz de encontrar. Eso se debe a que la mayoría de las experiencias cuestan dinero (para empezar, la comida que te proporciona energía vital no es, con toda seguridad, gratis). Así que, aunque sería supereficiente convertir toda tu energía vital directamente en experiencias, con frecuencia tienes que dar el paso intermedio de ganar dinero. En otras palabras, tienes que pasar por lo menos parte de tu vida trabajando para luego emplear tus ingresos para obtener experiencias.

Pero cuando tu objetivo consiste en maximizar la satisfacción a lo largo de la duración de tu vida, no es en absoluto obvio cuánta de tu energía vital debería dedicarse a ganar dinero (y cuándo) y cuánta a disfrutar de experiencias. En primer lugar, todos somos diferentes de varias formas importantes: hay, simplemente, muchas variables para tener en cuenta. Por lo tanto, esto resulta ser un problema complejo de optimización. Ésa es la razón por la cual una aplicación es de utilidad: puede asimilar muchas variables y hacer los cálculos necesarios para ayudarte a comparar distintos caminos posibles en la vida, mostrando qué ruta conduce a una mayor realización. Pese a ello, una aplicación no puede optimizar a la perfección, porque incluso el modelo más sofisticado no capta por completo la complejidad de una vida humana. Además, los resultados de una aplicación sólo son tan buenos como los datos que se le proporcionen, la mayoría de los cuales tampoco son perfectos. Pese a ello, con o sin software, es posible pensar de forma inteligente en estas decisiones relativas a los ingresos y los gastos; y aunque no dispongo de todas las respuestas, y nunca las tendré, tengo confianza en los principios rectores o «normas» que he mencionado anteriormente, que conducen a decisiones más inteligentes sobre la distribución de tu preciosa energía vital. Tú y yo nunca alcanzaremos la perfección, pero si aplicas estas normas a tu propia vida podrás acercarte más a ese punto óptimo.

Mi objetivo principal es hacerte pensar en tu vida de una forma más significativa y deliberada, en lugar de que simplemente hagas las cosas como tú y los demás siempre las habéis hecho. Sí, quiero que hagas planes para tu futuro, pero nunca de tal forma que olvides disfrutar del presente. Todos contamos con un viaje en esta montaña rusa de la vida. Empecemos a pensar en cómo hacer que sea lo más emocionante, estimulante y satisfactoria posible.

Recomendación

Empieza a pensar activamente en las experiencias de la vida que te gustaría tener y el número de veces que te gustaría disfrutarlas. Pueden ser grandes o pequeñas, gratuitas o costosas, caritativas o hedonistas; pero piensa en lo que realmente quieres sacar de esta vida en términos de experiencias importantes y memorables.

2

INVIERTE EN EXPERIENCIAS

Norma número 2:

Empieza a invertir en experiencias pronto

Cuando estaba a principios de mi veintena, mi compañero de piso en esa época, Jason Ruffo, decidió tomarse tres meses libres de su trabajo para hacer un viaje como mochilero por Europa. Se trata del mismo amigo con el que compartía el alquiler en un apartamento del tamaño de un horno de pizza en Manhattan. Ambos éramos empleados de cribado y ganábamos unos 18 000 dólares anuales.

Para hacer que un viaje así se convirtiera en realidad, Jason tendría que dejar en espera su empleo, y tendría que pedir prestados unos 10 000 dólares a la única persona que le dejaría esa cantidad: un usurero. Ya sabes, el tipo de prestamista que no pide avales y no le importa tu informe crediticio porque dispone de otras formas para asegurarse de que saldes la deuda.

Le dije a Jason:

—¿Estás loco? ¿Pedir dinero prestado a un usurero? ¡Harás que te partan las piernas!

No estaba preocupado sólo por la seguridad física de Jason. Irse a Europa significaba que Jason también se perdería oportunidades para ascender en su trabajo. Para mí, la idea de hacer algo así era tan ajena como ir a la Luna. De ninguna forma iba a irme con él.

Pero Jason estaba decidido, por lo que voló hasta Londres, nervioso y emocionado por viajar sólo con un pase Eurail y ningún plan pre-establecido. Cuando regresó, unos meses después, no había ninguna diferencia discernible entre sus ingresos y los míos, pero las fotografías y las historias de sus experiencias mostraban que era infinitamente más rico por haberse ido. Debes recordar que estamos hablando de principios de la década de 1990, antes del Internet de alta velocidad y de Google Earth. Para ver qué aspecto tenía Praga sin ir allí tenías que hacerte con un álbum de fotos de un tamaño considerable sobre ese lugar. Por lo tanto, escuchar las historias y ver sus fotografías era como oír a un explorador exótico.

En Alemania vio los horrores del campo de concentración de Dachau. En la República Checa, recién constituida, oyó hablar de la vida bajo el régimen comunista. En París, él, junto con dos amigos que había hecho, mataron el tiempo en un parque disfrutando de unas baguettes con queso y vino y sintiendo que todo era posible. Finalmente fue a las islas griegas. En algún lugar del camino se enamoró de una mujer e hizo el amor en la playa por primera vez. Mientras conocía a lugareños y viajeros jóvenes de todo el mundo, aprendió más cosas sobre sí mismo y otras gentes y culturas, y sintió cómo el mundo se le abría. Sus historias sobre las interesantes culturas que había visto y las relaciones que había establecido eran tan sorprendentes que sentí mucha envidia y me arrepentí de no haber ido.

A medida que pasó el tiempo, ese sentimiento de arrepentimiento no hizo sino aumentar. Cuando acabé yendo a Europa (a los treinta años), era demasiado tarde: ya era un pelín demasiado mayor y estaba demasiado aburguesado como para quedarme en albergues juveniles y juntarme con jóvenes de veinticuatro años. Además, tenía muchas más responsabilidades que las que tenía a principios de mi veintena, lo que hacía que fuera mucho más difícil tomarse meses de vacaciones del trabajo. Al final, y lamentablemente, llegué a la conclusión de que debía haber viajado antes.

Al igual que yo, Jason sabe que escogió el momento oportuno para hacer ese viaje a Europa. «Ahora no disfrutaría durmiendo en un albergue juvenil con veinte tipos más, en una asquerosa litera, y no disfrutaría llevando encima una mochila de veintisiete kilos en los trenes y por las calles», me dijo.

Pero al contrario que yo, él hizo el viaje, por lo que no tiene que vivir con las dudas. De hecho, a pesar del préstamo con un alto interés, siente lo contrario al arrepentimiento en relación con ese gasto. «Independientemente de lo que pagase, siento que fue un chollo debido a las experiencias de la vida que obtuve», me cuenta. «Nadie puede quitármelas, y nunca haría que me las borraran por mucho dinero que me diesen». En otras palabras, lo que ganó con ese viaje tiene un valor incalculable.

Regresando a cuando Jason decidió hacer ese viaje, lo hizo por intuición. No estaba planeando toda su vida y decidiendo, conscientemente, *invertir en experiencias*, cuando era joven. En cierto modo, fue un afortunado ya que su instinto le llevó a tomar una decisión tan genial; pero por lo común el instinto no es suficiente y, frecuentemente, nos hace tomar el camino equivocado. Por otro lado, mi objetivo, a lo largo de todo el libro es hacer que seas más intencionado con respecto a tus elecciones en la vida: que emplees los datos y el sentido común para averiguar qué hacer. Así es como tomarás las mejores decisiones. En este capítulo eso significa mostrarte cómo pensar en tus experiencias de la vida de una forma más cuantitativa de la que probablemente nunca hayas estado acostumbrado a hacer.

El negocio de tu vida

La idea principal aquí es que tu vida es la suma de tus experiencias. Esto significa que todo lo que hagas (las experiencias diarias, semanales, mensuales, anuales y que sólo se dan una vez en la vida de las que disfrutes) constituye quién eres. Cuando eches la vista atrás y te fijes en tu vida, la riqueza de esas experiencias determinará tu valoración de lo plena que ha sido la vida que has llevado. Por lo tanto, parece lógico que debieras pensar y dedicar esfuerzos, seriamente, a planear el tipo de experiencias que quieres para ti. Sin ese tipo de planificación deliberada, estás destinado a seguir el trillado camino por defecto de nuestra cultura a lo largo de la vida: a pasar con facilidad con el piloto automático puesto. Llegarás a tu destino (la muerte), pero probablemente sin disfrutar del tipo de viaje que habrías elegido de forma activa para ti.

Lamentablemente, así es como mucha gente vive su vida. Jugando con las metáforas, construyen un pozo, se hacen con una bomba, y

33

mientras la bomba bombea agua a una taza, ésta se llena rápidamente, por lo que empieza a rebosar. Beben un trago y siguen bombeando; y al final de su vida, después de toda una existencia bombeando, ven que siguen sedientos. ¡Qué despilfarro! Imagina el arrepentimiento que sentirías si llegaras al final de tus días sin haber logrado llevar una vida llena de experiencias satisfactorias. En las sabias palabras de Carson, el mayordomo de *Downton Abbey*, «El negocio de la vida consiste en la adquisición de recuerdos. Al final es así de sencillo».

Eso suena realmente bien, pero también es el tipo de pensamiento que tiende a entrar por un oído y salir por el otro. Lo escuchas, puede que no lo apruebes, y regresas al trabajo, como siempre. A pesar de ello, hacia el final de la vida de mi padre, esta idea de que la existencia consiste en adquirir experiencias me llegó a lo más hondo.

Mi padre no habría podido disfrutar de ningún tipo de vacaciones llegado a ese punto: sus capacidades físicas estaban enormemente mermadas, y un viaje hubiera supuesto un peligro demasiado grande para su vida. El lugar de ello le hice un regalo descaradamente sentimental: un iPad lleno de recuerdos. Cuando era universitario, había jugado a fútbol americano para la Universidad de Iowa, incluyendo el año 1959, cuando los Hawkeyes ganaron la Rose Bowl (el campeonato universitario). Así pues, tomé un carrete de fotos con los momentos estelares de esa gloriosa temporada, hice que lo digitalizaran y los guardé en el iPad. Siempre estamos reviviendo partes de nuestra vida a partir de los recuerdos, y supuse que este formato haría que los recuerdos le resultaran más vívidos y fácilmente accesibles. Como era de esperar, le encantó. Mientras estaba sentado, sujetando el iPad y viendo el vídeo, se rio, lloró y rememoró. Era demasiado mayor para adquirir nuevas experiencias importantes, pero pudo obtener un gran placer del vídeo con los momentos estelares. De hecho, pensó que era el mejor regalo que le habían hecho nunca. Fue entonces cuando me di cuenta de que te *jubilas con tus recuerdos.* Cuando eres demasiado frágil para hacer gran cosa más, puedes seguir recordando la vida que has llevado y experimentar un inmenso orgullo, alegría y el agridulce sentimiento de nostalgia.

Entre la hormiga y la cigarra

La idea de que te jubilas con tus recuerdos va totalmente en contra de la mayor parte de lo que oímos sobre la jubilación. Como trabajadores en Estados Unidos, nos llega constantemente el mensaje de que debemos ahorrar dinero regularmente para meterlo en un plan de jubilación (como el 401(k) en nuestro país) o una cuenta personal de jubilación (CPJ). Ésa es la versión para adultos de las lecciones que hemos aprendido, siendo niños, sobre la necesidad de ahorrar para las épocas de vacas flacas.

La versión más recordada de la fábula de la cigarra y la hormiga, por ejemplo, nos muestra a la hormiga en una situación favorable (y muy engreída) después de haber cosechado su grano, mientras que la cigarra pasa hambre después de haber pasado todo el verano ociosa. Esa nueva narración no deja dudas sobre cuál de los dos insectos ha hecho lo adecuado y, ciertamente, no fue la cigarra, amante de la diversión y corta de miras.

Pero no me malinterpretes. Mi argumento no es que debemos ser como la cigarra, sin ahorrar para el invierno de nuestra vida, o que cualquier cantidad que gastemos en experiencias vale la pena porque éstas son la esencia de la vida. Eso sería ridículo. Lo que estoy diciendo es que nuestra cultura tiende a *enfatizar en exceso* las virtudes de la hormiga (el trabajo duro y la recompensa demorada) a costa de otras virtudes. Como resultado de ello, no logramos valorar que la cigarra también estaba ocupada en otra cosa. Por tanto, sí, a la cigarra le iría mejor si ahorrara un poco, y sí, a la hormiga le iría mejor si viviese un poco. Aquí estoy intentando conciliar a la cigarra y la hormiga, para así ayudarte a encontrar el equilibrio adecuado entre las dos. De hecho, la moraleja manifestada en mi versión favorita de la fábula es la siguiente: «Hay un tiempo para trabajar y un tiempo para jugar».[1] En un capítulo posterior, expondré herramientas reales para ayudarte a averiguar el momento adecuado (y la cantidad adecua-

---

1. ESOPO: «Fábula de la cigarra y la hormiga». («The Ants & the Grasshopper», en *The Aesop for Children* (Biblioteca del Congreso de Estados Unidos), http://read. gov/aesop/052.html

da de tiempo) para el trabajo y para el ocio, para ganar dinero y para gastarlo.

¿Qué valor tiene una experiencia?

Antes he dicho que la vida es la suma de todas las experiencias. Bueno, no estaba hablando sólo figuradamente: si tuvieras que asignarle un valor numérico a cada una de ellas, entonces podrías, de hecho, sumar el valor de múltiples experiencias. Hacer eso permite que sea posible comparar grupos de experiencias diversas, lo que supone un paso hacia la maximización de la realización a lo largo de tu vida.

¿Cómo otorgas un valor numérico a una experiencia? Para empezar, piensa en el disfrute que obtienes de una experiencia en términos de puntos, igual que los puntos que ganarías en un juego. Las mejores experiencias te aportarán muchos *puntos de experiencias*. Los pequeños placeres sólo obtendrán unos pocos puntos. Los puntos que le asignes a una actividad es un asunto completamente tuyo, ya que los valores e intereses de cada persona difieren. A algunas personas no hay nada que les guste más que cuidar de su jardín, por lo que dirán que cada día dedicado a la jardinería obtiene muchos puntos. Otras dirían que tendrías que pagarles para podar plantas o arrancar malas hierbas, así que, para ellas, cualquier cantidad de tiempo dedicada a la jardinería obtendría cero puntos. (No hay puntos negativos en este sistema).

Si tomas todas tus experiencias positivas de un cierto año (digamos el año pasado) y sumas sus puntuaciones, obtendrás una cifra (por ejemplo, 5 090 puntos). Puedes representar este número en forma de una barra en una gráfica de barras. Cuanto mayor sea la cifra, más alta será la barra. Es tan sencillo como eso.

Puedes hacer lo mismo con cada año de tu vida hasta este momento. Algunos años son mejores que otros por diversas razones, y algunas de estas razones escapan a tu control (si un accidente te ha dejado tendido en la cama de un hospital durante doce meses, por ejemplo, probablemente no hayas tenido muchas experiencias agradables ese año). Pero este libro se centra en gestionar lo que se encuentre bajo tu control mediante las decisiones que tomes, así que date cuenta de que hay algunos factores que puedes controlar, y uno de ellos es cuánto tiempo en cada edad dedicas a ganar dinero frente a tener experiencias agradables. Es igual que el término medio entre el trabajo y el ocio al que se enfrentan la cigarra y la hormiga. Al asumir el control sobre estas decisiones modificas la altura de las barras y, por lo tanto, la forma de tu curva. Hablaremos más acerca de cómo alcanzar estos términos medios más adelante: por ahora sólo quiero que comprendas que, literalmente, quiero decir que la vida es la suma de tus experiencias.

Ejemplo de una curva de realización durante un período de siete años

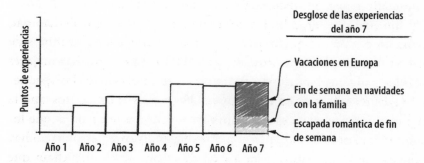

Cada barra representa el número de puntos de experiencias anuales. Todas las curvas juntas ayudan a formar tu curva de realización. Por lo tanto, incrementar tu realización hace aumentar el área bajo la curva, y mediante el moldeado de la curva moldeas tu vida.

Los dividendos en forma de recuerdos

Este capítulo te dice que inviertas en experiencias, pero¿ son las experiencias realmente una inversión? Quiero decir que es fácil ver que las experiencias conllevan tiempo y dinero, y que pueden proporcionar alegría durante los días y años en los cuales estés viviendo esas experiencias, lo que hace que valgan la pena ya sólo por esta razón; pero permite que te explique por qué digo que también suponen una inversión para tu futuro.

En primer lugar, hablemos de en qué consiste una inversión. La mayoría de nosotros oímos esa palabra y pensamos de inmediato en el mercado de valores. O los bonos. O una cartera de distintas inversiones, como acciones, bonos y propiedades inmobiliarias. ¿Qué tienen en común todas las inversiones? Son mecanismos para generar ingresos futuros. Cuando compras acciones, digamos de IBM, esperas vender esas acciones más adelante por más dinero que el que pagaste por ellas, o por lo menos obtener los dividendos que IBM da a sus accionistas: una pequeña fracción de los beneficios de la compañía cada año. ¿Me sigues hasta aquí? Lo mismo sucede con las propiedades inmobiliarias. Compras una casa que piensas que podrás revender en algunos años consiguiendo un beneficio, y mientras tanto puedes alquilarla y generar unos ingresos pasivos cada mes, siempre que tus inquilinos paguen el alquiler. Si eres el dueño de una empresa que fabrica artilugios y compras una nueva máquina que los producirá al doble de velocidad y con menos defectos, entonces, la nueva máquina es una inversión para tu negocio. Es lo habitual, ¿verdad? Ahora piensa cómo ampliar esta idea, cosa que hacemos todo el tiempo sin, necesariamente, pensar en ello en términos de una inversión. Digamos, por ejemplo, que eres un padre que paga para que su hijo vaya a la universidad o a la escuela de estudios superiores. ¿Por qué estás pagando decenas de miles de dólares cada año? Porque crees que vale la pena. Probablemente creas que tu hijo o hija se graduará con el tipo de habilidades y título que le ayudará a conseguir unos ingresos muchos más elevados que sin la educación universitaria. Pero puede que te muestres escéptico con respecto a que ese grado se amortice. Pongamos que tu hijo quiere estudiar trenzado de canastas del Himalaya y que escuchas que hay robots que se están volviendo tan buenos haciendo canastas que todos esos lucrativos empleos de trenzado de canastas están desapareciendo. En tal caso, probablemente, estarás mucho menos dispuesto a rellenar los abultados cheques para pagar la universidad. Cuando piensas en estas cosas, tomas decisiones relativas a una inversión de la misma forma en la que estarías fijándote en propiedades para alquilar o maquinaria industrial que comprar. Los economistas incluso llaman a los gastos en educación «inversiones en capital humano».[2]

---

2. BECKER, G. S.: «Human Capital», Library of Economics and Liberty, www.econlib.org/library/Enc/HumanCapital.html. El economista Gary Becker iden-

Por lo tanto, ves que puedes invertir en ti mismo o en otras personas. Haces esto siempre que piensas que la inversión dará beneficios en el futuro.

Pero aquí tenemos una idea más radical: el beneficio de una inversión no tiene por qué ser económico. Cundo enseñas a tu hija a nadar o a montar en bicicleta, no es porque creas que vaya a conseguir un trabajo mejor pagado con esas nuevas habilidades. Las experiencias son así. Cuando dedicas tiempo o dinero a las experiencias, éstas no sólo son agradables en ese momento, sino que pagan dividendos continuos: el dividendo en forma de recuerdos del que he hablado en el capítulo 1.

Las experiencias pagan dividendos porque los humanos tenemos memoria. No empezamos cada día con el cerebro en blanco, como los personajes de tantas películas de ciencia ficción. Nos despertamos cada mañana ya cargados con un montón de recuerdos a los que podemos acceder en cualquier momento (principalmente para movernos por la vida y abrirnos camino en el mundo). Cuando te encuentras con un gran panel rectangular con un pomo redondo que sobresale, no te preguntas «¿Qué es esto?». No: sabes que es una puerta; y sabes cómo abrir la puerta. Así pues, tenemos un enorme dividendo por haber aprendido en una ocasión lo que es una puerta: ¡piensa en todas las puertas que puedes abrir!

Éste es un ejemplo tonto, pero muestra de verdad lo que los recuerdos hacen por nosotros. Son una inversión en nuestro yo futuro, pagan dividendos y nos ayudan a llevar una vida más rica. Ves a la persona que está preparando café en tu cocina y no empiezas de cero con ella, como si acabases de encontrarte con un desconocido. Sabes que es alguien a quien quieres, y sabes por qué la quieres. Toda la historia dedicada a vuestra relación y todas vuestras conversaciones pasadas han desarrollado el sentimiento actual por esta persona.

Es lo mismo cuando estás invirtiendo en cualquier experiencia. Cuando vives una experiencia obtienes ese disfrute actual, en ese momento, pero también generas recuerdos que revivirás más adelante.

---

tificó la salud, junto con la educación y la formación, como las inversiones más importantes en capital humano.

Esto forma gran parte del hecho de estar presente como ser humano: para bien o para mal vuelves a experimentar esa experiencia frecuentemente más de una vez. Puede que escuches una de tus canciones favoritas, captes el aroma de un olor familiar o mires una foto antigua y que, de repente, tus recuerdos se activen y revivas esa experiencia. Piensas en tu primer beso, y si fue una experiencia placentera entonces quizás te sientas a gusto y con el corazón alegre. O puede que te rías por lo bajo porque llevabas aparatos en los dientes y toda la experiencia fue incómoda pero también dulce. Por lo tanto, cada vez que recuerdas la experiencia original obtienes una experiencia adicional al revivir, mental y emocionalmente, la experiencia original.

El recuerdo puede que te aporte tan sólo una pequeña fracción del placer que te proporcionó la experiencia original, pero esos recuerdos se suman para convertirte en la persona que eres. Ésa es la razón por la cual Jason, con cuya historia he abierto este capítulo, no borraría su viaje como mochilero por Europa por nada del mundo. También es la razón por la cual la gente conserva álbumes de fotos y por qué, si su casa se incendia, suele cogerlos antes de intentar salvar cualquier otra posesión. En ese momento de crisis, la gente se da cuenta, rápidamente, de que mientras los objetos materiales pueden reemplazarse, los recuerdos tienen un valor incalculable.

El dividendo en recuerdos es tan poderoso y valioso que las compañías tecnológicas lo están monetizando y generando miles de millones de dólares en forma de riqueza. Cualquiera que haya usado Facebook o Google Photos ha visto el mensaje ocasional «En este día, hace tres años», acompañado con fotos de esa fecha. Mediante esta característica, las compañías acceden a tu dividendo en forma de recuerdos, generando sentimientos agradables y un deseo de ponerte en contacto con la gente que aparece en esas fotos. Todo este proceso te hace feliz, y te convierte en un cliente más fiel. Antes de la existencia de Facebook y de plataformas similares, solían ser nuestros amigos y familiares quienes iniciaban la conversación de «Te acuerdas cuando…», pero ahora Facebook asume ese papel y saca partido, económicamente, a ese importantísimo dividendo en forma de recuerdos. Tú mismo puedes sacarle provecho al dividendo en forma de recuerdos: no económicamente; pero para hacer eso primero tienes que generar esos valiosos recuerdos.

Rememora una de las mejores vacaciones que hayas disfrutado nunca, y digamos que duraron una semana entera. Ahora piensa en cuánto tiempo dedicaste a enseñar fotografías de ese viaje a tus amigos de vuelta a casa. Añádele a eso todas las veces que tú y la gente con la que viajaste rememorasteis ese viaje, y todas las ocasiones en las que has pensado en él o has proporcionado consejos a otras personas que están pensando en hacer un viaje similar. Todas esas experiencias residuales procedentes de la experiencia original son los dividendos de los que estoy hablando: son los dividendos de tus recuerdos, y se suman. De hecho, algunos de ellos, tras su meditación repetida, puede que aporten más disfrute que la propia experiencia original.

Por lo tanto, comprar una experiencia no sólo te compra la propia experiencia, sino que también te compra la suma de todos los dividendos que esta experiencia te aportará durante el resto de tu vida.

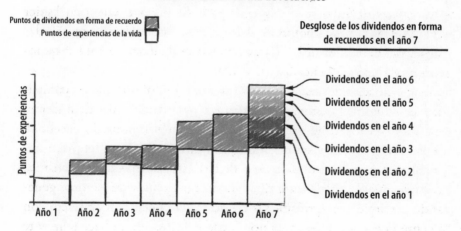

Ejemplo de una curva de la realización/satisfacción de siete años con dividendos en forma de recuerdos

Las experiencias siguen aportando cosas en forma de la realización/satisfacción procedente de tus recuerdos: a lo largo del tiempo, el dividendo continuo de los recuerdos puede a veces sumar más puntos de experiencias que los que aportó la experiencia original.

Esto se vuelve realmente claro cuando piensas en términos de puntos de experiencias (mi forma de cuantificar cuánto disfrute obtuviste de una experiencia). ¿Recuerdas cómo puedes representar el número de puntos de experiencias con una barra vertical? De acuerdo. Ahora piensa en esa barra como si fuera el principio de un disfrute que estás obteniendo de la experiencia. Debido al dividendo en forma de recuerdos, también recibes una pequeña barrita cada vez que rememoras la experiencia original. Si apilas todas esas pequeñas barritas (todos los continuos dividendos en forma de recuerdos de una experiencia), obtienes una segunda barra que quizás sea tan alta como la barra que representa la experiencia original.

De hecho, en algunas ocasiones, la segunda barra es incluso más alta. Una forma en la que esto puede suceder es mediante el interés compuesto, igual que pasa con el dinero en el banco. Debido al interés compuesto, tus ahorros económicos no sólo aumentan, sino que empiezan a crecer como una bola de nieve cayendo por una ladera; y lo mismo puede suceder con tus dividendos en forma de recuerdos: también pueden tener (y de hecho tendrán) un interés compuesto. Esto sucede siempre que compartes el recuerdo de la experiencia con otras personas. Esto se debe a que siempre que interaccionas con alguien, compartir una experiencia que has tenido supone una experiencia en sí misma. Te estás comunicando, riendo, creando vínculos, dando consejos, ayudando, siendo vulnerable: estás llevando a cabo las cosas propias de tu vida cotidiana. Teniendo experiencias no sólo vives una vida más implicada e interesante tú mismo, sino que, además, dispones de más de ti mismo para compartir con los demás. Es como la idea de que los negocios generan más negocios. Las experiencias positivas son radiactivas y contagiosas de una forma positiva: inician una reacción en cadena que libera más energía de la que pensabas que tenías. Uno más uno a veces puede sumar más de dos. Ésa es una de las razones por las cuales digo que deberías invertir en experiencias.

Pero la mayoría de nosotros no estamos acostumbrados a pensar en invertir en experiencias, por lo que, por poco inversores que seamos, nos centramos demasiado en el beneficio económico de una inversión. Un buen ejemplo es mi amigo Paulie, que hace un tiempo me pidió consejo sobre una propiedad vacacional que estaba pensando en comprar en Centroamérica. No te aburriré con la jerigonza financiera: estaba sopesando cosas como las tasas de interés, las exenciones tributarias y otras consideraciones que hacían que todo pareciera una decisión de inversión complicada. Simplemente diré que estaba fijándose en la oportunidad desde un punto de vista muy tradicional y conservador: *¿Es ésta una buena inversión inmobiliaria? Es decir, ¿obtendré un buen rendimiento económico con ella a lo largo de los próximos diez a quince años?*

Mi consejo a mi amigo consistió en rechazar todo ese marco.

—Olvídate del dinero –le dije– y hablemos sólo de lo que vas a obtener de ello. Tienes mi edad –le recordé (no era un jovenzuelo)–. Así pues, ¿cuánto vas a usar esa propiedad para invertir en tus propias experiencias personales? ¿Con qué frecuencia planeas quedarte allí y qué harás cuando estés ahí? Si vas a ir muchas veces y vas a disfrutar de unas vacaciones maravillosas y establecer vínculos con tus hijos y vivir momentos irremplazables con tu familia y tus amigos, bueno… eso me suena como el mejor trato del mundo.

Proseguí:

—Pero si tan sólo vas a comprar la propiedad y tenerla vacía sin hacer nada más que tu inversión monetaria se revalorice, ¿entonces a quién le importa si sales ganando un 3% extra con ella? No hay nada especial ni que te cambie la vida por ganar un 3% con una propiedad inmobiliaria en el extranjero: se trata, tan sólo, de una entre 1 millón de inversiones que podrías hacer. Ese 3% extra es especialmente insignificante cuando empiezas con cincuenta años en comparación con empezar mucho antes. Por otro lado, invertir en experiencias podría cambiar tu vida de verdad, incluso a los 50 años.

Mi argumento para ti es que, al igual que mucha gente que invierte en propiedades inmobiliarias, Paulie estaba pensando sólo en el rendimiento del capital, y no en el rendimiento en forma de experiencias. Para mí eso no es sino otra versión del mismo error sobre el que siempre hablo: ganar y ganar dinero mientras olvidamos que todo el argumento sobre ganar dinero consiste en poder gastártelo en las experiencias que hacen que tu vida sea lo que es.[3]

3. CARTER, T. J. y GILOVICH, T. (2012): «I Am What I Do, Not What I Have: The Differential Centrality of Experiential and Material Purchases to the Self», *Journal of Personality and Social Psychology*, vol. 102, pp. 1304-1317, doi:10.1037/a0027407. https://cpb-us-e1.wpmucdn.com/blogs.cornell.edu/dist/b/6819/files/2017/04/CarterGilo.JPSP_.12-14i5eu8.pdf. Las investigaciones psicológicas res-

Piensa en ello: tanto si las experiencias que deseamos son aprender, esquiar, ver crecer a tus hijos, viajar, disfrutar de grandes comidas con amigos, promover una causa política, asistir a conciertos en directo o cualquiera de los billones de combinaciones de experiencias disponibles, ganamos dinero con el objetivo de vivir experiencias. Además, debido al dividendo en forma de recuerdos, éstas aportan una cierta tasa de rentabilidad, al igual que hacen las inversiones en instrumentos financieros, y a veces nos proporcionan una tasa de rendimiento increíblemente alta. Esto es de lo que hablaba Jason cuando decía que no cambiaría sus experiencias en Europa por mucho dinero que le ofreciesen. Por supuesto, la mayoría de las experiencias no cambiarán tanto la vida de alguien como la de Jason, por lo que no proporcionarán una tasa de rentabilidad tan increíble (y no tienen por qué hacerlo). Obtenemos un beneficio de todas nuestras experiencias. Ésa es la razón por la cual gastamos dinero en ellas. También es la razón por la cual invertimos en instrumentos financieros: para ayudar a que nuestro dinero crezca con el objetivo último de generar más o mejores experiencias.

Pero una vez más (y no puedo repetir esto lo suficiente), mucha gente vive como si olvidara que éste es el objetivo de ganar, ahorrar e invertir dinero. Cuando preguntas a la gente para qué ahorra dinero, gran parte de las veces la respuesta es «para la jubilación». Hasta cierto punto, lo comprendo: todos necesitamos ahorrar e invertir una cierta cantidad de dinero por si llega un momento en el que no nos paguen un sueldo. Nadie quiere morir de hambre en su ancianidad ni hacer que sus hijos tengan que mantenerles; pero aquí tenemos el meollo: como todo el argumento del dinero es vivir experiencias, invertir dinero para obtener un beneficio con el que tener experiencias supone una forma, con un rodeo, de disfrutar de ellas. ¿Por qué pasar por

---

paldan la idea de que tus experiencias están íntimamente ligadas a tu sentido del yo, lo que ayuda a explicar por qué gastar dinero en experiencias proporciona más felicidad que gastarlo en posesiones. Por ejemplo, cuando los participantes pudieron pensar en algo (como un televisor) como en una posesión o una experiencia, ser motivados a pensar en ella como en una experiencia provocó que consideraran que la compra tenía mucho más en común con ellos que lo que conseguía el caso de pensar que se trataba de una posesión.

todo eso cuando tan sólo puedes invertir directamente en experiencias y obtener un beneficio de ellas? No sólo eso, sino que el número de experiencias reales disponibles parar ti disminuye a medida que envejeces. Sí, necesitas dinero para sobrevivir cuando te jubiles, pero lo más importante con lo que te jubilarás serán tus recuerdos, así que asegúrate de invertir lo suficiente en ellos.

Empieza pronto, empieza pronto y empieza pronto

Una vez que empiezas a pensar en el dividendo en forma de recuerdos, algo se vuelve realmente claro: merece la pena invertir pronto. Cuando antes empieces a invertir, de más tiempo dispondrás para cosechar tus dividendos en forma de recuerdos. Si, por ejemplo, empiezas en tu veintena (más que en tu treintena), tendrás una larga cola de dividendos en forma de recuerdos, así que será más probable que la cola (el número de puntos de experiencias procedentes del evento inicial) sume más que la cabeza. Claramente, cuanto más próximo estés a la muerte cuando empieces a vivir experiencias maravillosas, menos dividendos en forma de recuerdos tendrás.

Así pues, cuando digo que deberías invertir en experiencias, mi consejo con respecto a las inversiones es bastante estándar. Se parece a lo que dice Warren Buffett: «Invierte pronto, y para cuando alcances una cierta edad, fíjate en todo lo que has acumulado». Muchos asesores de inversiones quieren que inicies tu plan de jubilación 401(k) pronto. Muchos consejos relativos a las inversiones son así: *Empieza pronto, empieza pronto y empieza pronto.* Warren Buffett y otros asesores de inversiones están intentando hacer crecer el dinero, y yo estoy intentando cultivar la vida más rica que puedo, y cuando digo rica me refiero a rica en experiencias, en aventuras, en recuerdos: rica en todos los sentidos por los cuales ganas dinero. Por lo tanto, aquí está mi consejo relativo a las inversiones resumido: invierte en las experiencias de tu vida, y empieza pronto, empieza pronto y empieza pronto.

Bueno, puede que te preguntes: ¿cómo puedes esperar que invierta en experiencias pronto en mi vida si estoy arruinado? Pero invertir en experiencias no significa gastar un dinero que no tienes. Es cierto que, en general, el disfrute o la realización procedente de tus experiencias es función tanto del tiempo como del dinero: en general, cuanto más tiempo y dinero dediques a las experiencias, más satisfacción obtendrás de ellas; pero cuando eres joven, estás sano y te sientes fresco, puedes obtener una enorme cantidad de disfrute incluso a partir de experiencias que no cuestan mucho. (Recuerda a mi amigo Jason, que vivió la experiencia de su vida mientras se alojaba en hostales baratos y comía baguettes en un parque). Por lo tanto, cuando eres joven y no tienes mucho dinero, mi consejo es que explores todas las experiencias gratuitas o casi gratuitas que puedas disfrutar. Piensa en los conciertos y festivales gratuitos al aire libre que organizan los ayuntamientos y gobiernos locales con el dinero de nuestros impuestos para hacer que tu ciudad sea maravillosa. O piensa en cuánta diversión puedes obtener con tus amigos, simplemente charlando, saliendo a tomar algo o jugando a cartas o a juegos de mesa; o cuántas cosas hay para ver en tu propia ciudad y explorarla a pie o viajando en transporte público. La mayoría de nosotros apenas aprovechamos todas las ventajas de estas oportunidades de diversión gratuita o prácticamente gratis. Sé que no es mi caso, pero ¿es el tuyo?

Escoge tu propia aventura

Muchas experiencias te las imponen, especialmente cuando estás creciendo. Tienes que ir al colegio, y en clase de ciencias naturales te dicen que debes diseccionar una rana. Puede que digas: «No quiero diseccionar esta rana»; pero entonces tu profesor responde: «Si no diseccionas esta rana suspenderás la asignatura». Por lo tanto, dices: «De acuerdo, diseccionaré la rana». En este caso no tienes mucha capacidad de elección, pero cuando alcanzas la edad adulta, puedes elegir muchas de tus experiencias. Puedes pensar en cómo explorar la vida y decidir por ti mismo en qué invertir tu tiempo y tu dinero, y cuándo hacer esas inversiones.

Lamentablemente, la mayoría de la gente infrautiliza mucho esta libertad. Sí que tomamos algunas decisiones conscientes: hasta cierto punto escogemos el trabajo, las aficiones, las relaciones o los destinos de vacaciones; pero buena parte de nuestra vida la pasamos con el piloto automático puesto. Avanzamos por el mundo como si otra persona programase nuestras acciones, y no pensamos lo suficiente en cómo gastar el tiempo y el dinero.

Esto es algo realmente fácil de ver con el hábito del café. Es un ejemplo tan común que incluso recibe un nombre: «el factor *latte*».[4] Mucha gente se detiene un momento cada día para tomarse una taza de café gourmet, y al hacerlo apenas es consciente de que el coste de todos esos pequeños caprichos acaba sumando mucho dinero al cabo de un año. No te estoy diciendo que te saltes tu café diario de modo que puedas ahorrar ese dinero para «acabar siendo rico». De hecho, lo último que quiero es que acabes siendo rico en dinero y pobre en experiencias agradables; pero imagina todas las experiencias de las que podrías disfrutar por los miles de dólares que gastas en tu taza diaria de moka, café *latte* o Frappuccino.

Por supuesto, cuando saco esto a colación, la respuesta que suelo obtener es: «Me gusta mi café diario en Starbucks». ¿Cómo podría discutir eso? La gente siente lo que siente. Sin embargo, lo que puedo hacer y decir es: «Por lo menos sé consciente de lo que te cuesta tu hábito de ir a Starbucks». Podrías, por ejemplo, decirte a ti mismo: «Puedo comprarme un billete de ida y vuelta a cualquier lugar de Estados Unidos cada pocos meses, teniendo en cuenta lo que me gasto en Starbucks. Por lo tanto, ¿preferiría tener ese billete de ida y vuelta o preferiría conservar mi hábito de tomar café?». La respuesta es decisión tuya, y puede que escojas los cafés, pero si pensaras detenidamente en la pregunta y tomases decisiones deliberadas, entonces, no actuarías con el piloto automático puesto.

Tomar decisiones deliberadas sobre cómo gastar el dinero y emplear el tiempo es la esencia de sacarle el máximo provecho a tu energía vital.

---

4. BACH, D.: *Start Late, Finish Rich*. Currency, Nueva York, 2006. www.amazon. com/dp/0767919475/ref=rdr_ext_tmb

    Este término fue acuñado por el autor de libros de finanzas personales David Bach, que lo registró como marca registrada y creó una calculadora para ayudarte a averiguar cuánto estás en condiciones de ganar con el tiempo al reducir pequeños gastos recurrentes.

Recomendaciones

- Recuerda que «pronto» es justo ahora. De esas experiencias en las que has pensado antes, piensa en cuáles sería adecuado invertir hoy, este mes o este año. Si te resistes a experimentarlas ahora, piensa en el riego de no vivirlas en este momento.

- Piensa en la gente con la que te gustaría vivir experiencias, e imagina los dividendos en forma de recuerdos que estás en disposición de obtener por haber vivido esas experiencias más bien pronto que tarde.

- Piensa en cómo puedes potenciar activamente tus dividendos en forma de recuerdos. ¿Te ayudará tomar más fotografías de tus experiencias? ¿Planear reuniones con gente con la que has compartido buenos momentos en el pasado? ¿Hacer un vídeo o un álbum de fotos?

3

¿POR QUÉ MORIR CON CERO?

Norma número 3:
Aspira a morir con cero

Permanecer en modo piloto automático es fácil: ésa es la razón por la cual lo usamos; pero si estás intentando llevar una vida plena y óptima en lugar de tomar el camino más fácil, el piloto automático no te proporcionará lo que deseas. Para disfrutar de una vida plena, en lugar de tan sólo sobrevivir a ella, debes dejar de conducir mecánicamente y dirigir activamente tu vida por el camino que quieres que siga. Ésta no será la última vez que diga lo siguiente: ayudarte a vivir de forma más deliberada es uno de mis grandes objetivos en este libro. Necesitamos seguir revisando este asunto a lo largo de estas páginas, ya que el piloto automático funciona en varias áreas de tu vida: desde cómo ganas dinero a cómo lo das a otras personas. Cada tipo de piloto automático puede generar su propia forma de energía vital malgastada, y cada uno de ellos requiere de una estrategia distinta para eliminar el despilfarro. Este capítulo se centra en el tipo de exceso que procede de ganar y ahorrar más dinero del que nunca lograrás disfrutar. Sugiere una solución deliberada para eliminar ese tipo de despilfarro.

Para mostrarte lo que quiero decir, permíteme que te hable de John Arnold, alguien con quien entablé amistad antes de que se convirtiera en milmillonario. Después de conocernos creó un fondo de cobertura llamado Centaurus con el objetivo de convertir su experiencia en la actividad comercial en bolsa en el campo de la energía en riqueza para así poder disfrutar de la buena vida. Pero, mientras trabajaba con él codo a codo en Centaurus, pude ver que, de algún modo, la buena vida quedaba relegada constantemente a un segundo plano a cambio de ganar más millones. Un día realmente desmoralizador en el trabajo, John se giró hacia mí y me dijo: «Cuando haya ganado 15 millones de dólares, si sigo invirtiendo en la bolsa dame un puñetazo en la cara».

Pues bueno, no le di un puñetazo en la cara cuando alcanzó ese objetivo, y John siguió trabajando como inversor. Él es un tipo brillante (la gente le llamaba «el rey del gas natural» por sus increíbles beneficios). John comprendía perfectamente bien que, al alcanzar un cierto punto, tiene mucho más sentido gastar dinero haciendo las cosas que te encantan en lugar de ganar más, pero su meta numérica siguió cambiando. No lo dejó cuando había amasado 15 millones de dólares. Estaba operando tan bien en la bolsa que los 15 millones se convirtieron en 25, que finalmente pasaron a ser en 100, etc. Cuando te encuentras en una racha ganadora así de buena, es difícil parar, incluso aunque tu mente racional te diga que deberías hacerlo.

La vida de John no era todo trabajo: había los viajes ocasionales a grandes eventos, pero difícilmente algo espectacular, como imaginarías en el caso de un multimillonario. De hecho, a medida que su riqueza crecía, su tiempo de ocio disminuía. Parecía pensar que, si ganaba algo más de dinero, entonces podría hacer más cosas, pero no lo hacía.

Pese a ello, siguió dirigiendo Centaurus, y ni siquiera lo dejó cuando alcanzó un patrimonio neto de 150 millones de dólares. De hecho, en 2010, la fundación de beneficencia que su mujer y él habían creado tenía unos activos de 711 millones de dólares. Poseía tanta riqueza que estaba donando millones. Pese a ello siguió trabajando, a pesar de que, en realidad, su trabajo no le entusiasmaba. Cuando acabó dejándolo (en 2012) con 38 años, había acumulado una fortuna personal de más de 4 000 millones de dólares.

La gran mayoría de la gente sólo puede soñar con jubilarse a la temprana edad de 38 años, pero para John esa edad fue, de hecho, algunos años demasiado tarde. ¿Por qué? Por dos razones: en primer lugar, nunca recuperará esos años que empleó centrándose en ganar dinero. Nunca volverá a tener 30 años, y sus hijos no volverán a ser bebés. En segundo lugar, ganó tanto dinero que ahora se enfrenta al problema que se expone en la película *El gran despilfarro*. Es, de hecho, difícil que se gaste su fortuna con la suficiente rapidez. Ya vive en una casa magnífica y en la actualidad hace, en gran medida, lo que quiere.

Una razón por la cual no puede gastarse todo el dinero son sus hijos: por mucho que le gustara que la muy popular banda de pop Maroon 5 diera conciertos privados en su jardín cada sábado, por ejemplo, no hace nada de ese estilo porque no quiere malcriar a sus hijos. Decidió tenerlos, y esa decisión limita la forma en que gasta su dinero y emplea su tiempo. Ten presente que cada elección que hagas afecta a las elecciones subsiguientes, y la decisión de tener hijos es el ejemplo más común de ello.

Pues bien, John diría que si hubiese dejado su trabajo con 15 millones de dólares nunca habría alcanzado los 4000 millones, y esa cantidad le permite invertir de forma importante en las causas sociales que le preocupan. Eso es muy cierto, pero John también sería el primero en admitir que trabajó más allá de la utilidad óptima de ese dinero. ¿Superó ese punto a los 2000 millones de dólares? ¿A los 1,5 mil millones de dólares? Quién sabe. Pero sí sabemos que fue antes de que alcanzara los 4000 millones de dólares.

Puede que también estés pensando que John debía estar pasándoselo en grande ganando ese dinero si siguió haciéndolo durante tanto tiempo. Tal vez permanecía en su despacho para operar en la bolsa porque la emoción de hacer negocios le resultaba más excitante que cualquier otra cosa que hubiese podido experimentar en su casa.

Pero no, John no estaba tomando una decisión calculada entre el trabajo y su familia, o entre trabajar por dinero y los millones de otras cosas que podría haber hecho con su riqueza, tiempo y talento. No: seguía trabajando porque se había creado el hábito de trabajar, de forma muy parecida al fumador que empezó con el vicio de adolescente porque quería parecer genial frente a las chicas. Pero ahora que ha conseguido a la chica, ¿por qué sigue fumando? Sólo porque ha adquirido un hábito adictivo, y es difícil abandonarlo. Para algunas personas, puede pasar lo mismo con el hecho de trabajar por dinero: es más fácil seguir con lo que has estado haciendo, especialmente cuando ello sigue recompensándote con la forma universal de reconocimiento de la sociedad por un trabajo bien hecho: dinero. Una vez que has adquirido el hábito de trabajar por dinero para vivir, la decisión de ganarlo supera la emoción de *vivir*.

John, por supuesto, es un caso extremo, y su situación es el paradigma de un problema de la clase alta; pero la situación en la que se encuentra no es exclusiva de él, e incluso y tampoco lo es, más generalmente, de los ultrarricos.

Hay mucha gente que siente que nunca puede conseguir suficiente, y a medida que su patrimonio neto crece, sus metas siguen cambiando. Pero con independencia de quién seas (un rey de los negocios o un obrero cualquiera), una cosa es cierta: si dedicas horas y más horas de tu vida a ganar dinero y luego te mueres sin gastártelo todo, habrás perdido innecesariamente demasiadas preciosas horas de tu vida. No hay forma de recuperar esas horas. Si falleces con 1 millón de dólares restantes, eso es 1 millón de dólares en experiencias que no disfrutaste; y si mueres con 50 000 dólares restantes, pues eso son 50 000 dólares de experiencias que no viviste. Eso no puede ser bueno de ninguna forma.

Un despilfarro de energía: ¿Por qué podrías estar trabajando gratis?

Si no, considéralo de otra forma: piensa en todas las horas de tu vida que pierdes ganando dinero que nunca gastas. Tomemos como ejemplo a la ficticia Elizabeth, de 45 años. Una mujer soltera que gana 60 000 dólares anuales en su trabajo como oficinista en Austin (Texas). Su salario la sitúa en la mitad superior de todos los asalariados de 45 años de Estados Unidos[1] (todas las cantidades monetarias en este ejemplo son en dólares reales ajustados a la inflación). Al igual que la mayoría de nosotros, tiene que pagar impuestos sobre la renta, incluyendo las tasa de la Seguridad Social y el seguro médico gubernamental para personas mayores, por lo que sus ingresos netos son de

---

1. «Income Percentile by Age Calculator for the United States in 2018», DQYDJ. com, modificado por última vez el 31 de mayo de 2019, https://dqydj.com/income-percentile-by-age-calculator/

aproximadamente 48 911 dólares anuales.[2] Trabaja duro, una media de cincuenta horas semanales, por lo que sus ingresos netos son de 19,56 dólares por hora. Ésa es la cantidad que se lleva a casa por cada hora que pasa en la oficina.

Gracias a su estilo de vida frugal, pudo amortizar sus préstamos estudiantiles algunos años después de graduarse en la universidad y se compró su casa a principios de su treintena, cuando los precios de la vivienda en Austin eran relativamente bajos. A estas alturas, ha amortizado la hipoteca, por lo que la casa es completamente de su propiedad. Si la vendiese hoy conseguiría 450 000 mil dólares por ella.

Este último año, que fue normal, gastó sólo 32 911 dólares (ahorrando así exactamente 16 000 dólares). Elizabeth espera jubilarse en 20 años, por lo que está guardando una buena porción de su nómina en un plan de jubilación 401(k) y en el banco. Sabe que el plan de jubilación 401(k) supone un trato especialmente bueno, porque emplea sus dólares antes de impuestos, lo que hace que sus impuestos sean menores que si destinara todo su dinero a cuentas de ahorro normales. Algunos empleadores igualan las contribuciones de sus empleados al plan de jubilación 401(k) plan, pero digamos que el de Elizabeth no lo hace.

Elizabeth es una trabajadora digna de confianza en una gran compañía, por lo que su empleo parece seguro, y espera obtener aumentos de sueldo pequeños pero constantes cada año hasta que se jubile. Pese a ello, para no complicar este ejemplo, asumamos que mantiene el mismo salario ajustado a la inflación hasta que se jubile. Asumamos también que, aparte de amortizar su casa, no empezó a ahorrar para su jubilación hasta que cumplió los 45 años. Por lo tanto, cuando se jubile a los sesenta y cinco, tal y como ha planeado, habrá ahorrado 320 000 dólares (16 000 dólares anuales durante los veinte años que hay entre sus 45 y 65 años). Por lo tanto, su patrimonio neto a los sesenta y cinco será de 770 000 dólares (los 320 000 dólares en varias cuentas de jubilación y 450 000 dólares en capital inmobiliario (asumiendo que su casa no aumente de valor).

2. «Income tax calculator, Texas, USA», Neuvoo, www.talent.com/tax-calculator?sa
lary=75000&from=year&region=Texas

¿Cuánto le durarán esos 770 000 dólares? Bueno, depende de cuánto gaste cada año. Las investigaciones sobre los gastos reales durante la jubilación muestran que los gastos no son constantes y que suelen reducirse en los últimos años de vida (tal y como explicaré en breve). Pero, una vez más, y manteniendo nuestro ejemplo sin complicarlo, asumamos que Elizabeth gasta exactamente 32 000 dólares cada año de su jubilación, o 1 000 dólares menos que cuando trabajaba. (Una vez más, y en aras de la sencillez, asumamos que el beneficio de sus inversiones para la jubilación coincide exactamente con el aumento anual del coste de la vida).

Con esa asunción, sus ahorros le durarán un poco más de 24 años (770 000 dólares dividido entre 32 000 dólares por año). Pero Elizabeth no vive otros 24 años. Fallece a los 85, o 20 años después de dejar de trabajar. Como resultado de ello deja tras de sí 130 000 dólares.

Te explico esto porque quiero que pienses de verdad en el verdadero coste, el terrible despilfarro, de dejar tras de ti 130 000 dólares. Ya he dicho que puedes pensar en este dinero como las experiencias a las que se ha renunciado: cualquier cosa que los 130 000 dólares hubieran podido comprarle a Elizabeth. Eso es triste en sí mismo, pero no es sólo eso. Si te fijas en lo que le llevó ahorrar todo ese dinero (con el sueldo por hora de Elizabeth), puedes ver cuántas horas pasó en su empleo en la oficina que no necesitaba haber dedicado. ¿Cuántas horas fueron? Bueno, dividamos los 130 000 dólares entre 19,56 dólares por hora y obtendremos un poco más de 6646 horas. Estamos hablando de 6646 horas durante las cuales Elizabeth trabajó por un dinero que nunca se gastó. Eso es más de 2,5 años de semanas laborales de 50 horas. *Dos años y medio trabajando gratis*. ¡Qué despilfarro de energía vital!

Las cifras serían incluso mayores si asumiésemos que sus ahorros obtuviesen unos intereses superiores a la inflación y que también obtendría ingresos procedentes de la Seguridad Social. Pero incluso con nuestras suposiciones muy conservadoras le habría ido mucho mejor jubilándose antes o gastando una mayor cantidad de dinero a lo largo de su vida.

Podrías decir que Elizabeth no es la típica persona. Estarías en lo cierto si, por ejemplo, apuntases que algunas personas obtienen un mejor sueldo por hora durante su trayectoria laboral. Por lo tanto, para las personas que ganan grandes sueldos, 30 000 dólares no representan tantas horas (o años) de trabajo innecesario. Eso es cierto, pero aquí tenemos la cuestión: esas personas fallecen con mucho más de 130 000 dólares. La gente que obtiene un gran salario por hora o una nómina anual elevada se ve a veces incluso más tentada de seguir trabajando y ganando dinero. Sea como fuere, despilfarran su energía vital.

Tus propios ingresos pueden ser superiores o inferiores a los que aparecen en cualquiera de estos ejemplos. No importa, porque la conclusión es la misma: si no quieres malgastar tu energía vital, deberías aspirar a gastarte todo tu dinero antes de morir.

Para mí, esta lógica es indiscutible. Puede que sea por mi formación como ingeniero, o quizás es la razón por la cual, ya para empezar, estudié ingeniería, pero me encanta la eficiencia y odio el despilfarro; y no puedo pensar en una peor forma de derroche que malgastar tu energía vital. Así pues, para mí tiene todo el sentido del mundo querer morir con cero. No alcanzar el cero antes de fallecer, lo que te dejaría varado, sino tener tan poco sin usar como sea posible por todo el tiempo y energía que has dedicado a trabajar para ganar ese dinero.

Estoy lejos de ser la primera persona que sugiere que la planificación para morir con cero es la forma racional de vivir. Ya en la década de 1950, un economista llamado Franco Modigliani, que acabó ganando el Premio Nóbel, planteaba algo que se conoció con el nombre de hipótesis del ciclo de la vida (HCV): una idea sobre cómo la gente gestiona sus gastos y ahorros para intentar sacarle el máximo provecho a su dinero a lo largo de la duración de su vida. Básicamente, decía que sacarle el máximo jugo a tu dinero durante el transcurso de tu vida requiere que, tal y como lo exponía otro economista, «la riqueza se reduzca hasta llegar a cero en la fecha del fallecimiento».[3] En otras palabras, si sabes cuándo morirás, debes fallecer con cero, porque si no lo haces, no obtendrás el máximo disfrute (utilidad) por tu dinero. ¿Y qué hay de la posibilidad, muy real, de que no sepas cuándo morirás? Modigliani tiene una respuesta sencilla: para estar a salvo, pero, pese a

3. Hurd, M. D.: «Wealth Depletion and Life-Cycle Consumption by the Elderly», en Wise, A. D. (ed.): *Topics in the Economics of Aging*, University of Chicago Press, Chicago, 1992, p. 136, www.nber.org/chapters/c7101.pdf

ello, evitar dejar dinero atrás innecesariamente, simplemente piensa en la edad máxima que puede alcanzar alguien. Por lo tanto, una persona racional, a ojos de Modigliani, repartirá su riqueza a lo largo de todos los años hasta la mayor edad hasta la que podría vivir.

A algunas personas les gusta vivir de esta forma racional y de maximización de la utilidad, pero a muchas no. O ahorran demasiado o muy poco. La optimización a lo largo de toda tu vida conlleva mucha reflexión y planificación: es más fácil vivir por recompensas a corto plazo (miopía) y permanecer con el piloto automático puesto (inercia) que hacer lo que será bueno para ti a largo plazo. Estas tendencias pueden afectar tanto a las cigarras como a las hormigas que hay entre nosotros. La miopía suele ser el problema de la cigarra, a la que le encanta la diversión y gastar sin límites, y la inercia también puede afectar a la responsable hormiga, especialmente más adelante en su vida, cuando el solícito ahorrador debe, de repente, abrir el cofre de tesoro que ha acumulado con tanta diligencia. Los economistas comportamentales comprenden que, por el simple hecho de que sea racional hacer algo (en este caso pasar de ahorrar a «desahorrar»), eso no significa que la gente lo vaya a hacer fácilmente. La inercia es una fuerza muy poderosa. Tal y como lo expusieron en una ocasión los economistas Hersh Shefrin y Richard Thaler: «Es difícil enseñar a un hogar viejo normas nuevas».[4]

Morir con cero me parece un objetivo tan claro e importante que quiero avanzar directamente al siguiente paso: ayudarte a averiguar cómo alcanzar ese objetivo. Sin embargo, he comentado estas ideas con suficientes personas como para saber que no puedo saltar directamente al cómo, pues surge, una y otra vez, el mismo conjunto de pequeñas preguntas y objeciones, y sé que no puedo ignorarlas. Por lo tanto, primero responderé a esas «preocupaciones» comunes, y si todavía sigues conmigo en lo relativo al valor y la viabilidad de morir con cero, pasaremos a conocer algunas herramientas que pueden ayudarte a que eso suceda.

---

4. SHEFRIN, H. M. y THALER, R. H.: «The Behavioral Life-Cycle Hypothesis», en Thaler, R. H. (ed.): *Quasi Rrational Economics*. Russell Sage Foundation, Nueva York, 1991, p. 114.

«¡Pero me encanta mi trabajo!»

Cuando digo que dejar dinero atrás equivale a un despilfarro de energía vital o a trabajar gratis, a veces oigo a gente que dice que mi análisis no se aplica en su caso porque le encanta su trabajo. Algunas personas llegan tan lejos como para decir que *pagarían* por dedicare al trabajo que aman. Esto es algo de lo que dudaba hasta que empecé a salir con una bailarina profesional (¡no, no era una bailarina de *striptease*!). El baile es un campo extremadamente competitivo, con mucha más gente asistiendo a pruebas de *casting* que el número de actuaciones pagadas en las que trabajar, y al contrario que en el mundo de la actuación y de otros campos competitivos, nunca te haces rico bailando, independientemente de lo muy exitoso que seas.

Sin embargo, para seguir en el candelero tienes que asistir constantemente a clases de danza, y tienes que vivir cerca de uno de los centros del mundo de la danza: ciudades caras como Nueva York y Los Ángeles. Por lo tanto, la mayoría de los bailarines tienen que desempeñar otros trabajos que subvencionen su pasión por el baile. Comprendo que a algunas personas les encante su trabajo y que lo consideren como una experiencia de la vida satisfactoria por sí misma; y creo que eso es maravilloso. ¡Ojalá todos fuésemos tan afortunados!

Pero, habiendo dicho todo esto, sigo pensando que nos iría mejor si morimos con cero, y aquí tenemos la razón. En primer lugar, echemos un vistazo a su lado del argumento, que dice: si tu trabajo es una experiencia divertida y gratificante, entonces, el dinero que puedas ganar desempeñándolo no es más que un subproducto, como el montón de ceniza que queda tras una hoguera. Cuando encendiste la hoguera, la ceniza no era tu objetivo. Disfrutaste del calor del fuego y de las llamas parpadeantes, y resultó que también obtuviste algo de ceniza de ese proceso. Eso no hace ningún mal y, ciertamente, no es nada malo ganar dinero dedicándote al trabajo que te gusta.

Pero incluso a la gente que considera el trabajo como una forma de diversión le iría mejor si dedicara por lo menos un cierto porcentaje de su tiempo a experiencias que no impliquen trabajar por dinero. Por mucho que la danza sea tu vida, son muchas las probabilidades de que no disfrutes practicándola las veinticuatro horas del día y los siete días de la semana. Además, cuando seas cuarentón, cincuentón o sexagenario quizás quieras pasar un menor porcentaje de tu semana bailando que cuando estabas en tu veintena o tu treintena.

Por supuesto, es posible que no quieras reducir tus horas a medida que te haces mayor: puede que quieras seguir bailando (o ejerciendo la abogacía o la psicoterapia o cualquiera que sea la profesión con la que disfrutes) a tiempo completo mientras puedas y ganar dinero haciéndolo. ¡Muy bien! Pero asegúrate de gastarte el dinero que ganes en lo que sea que valores: viaja más en primera clase, da mejores fiestas, o ves a actuaciones de tu bailarín favorito; porque, incluso aunque hayas disfrutado de cada minuto del trabajo que te proporcionó ese dinero, no el hecho de no lograr gastártelo es un despilfarro. Por emplear una metáfora procedente de los videojuegos, es como si ganases una vida extra y luego decidieses desperdiciarla de inmediato: has dejado que Mario se tire por un puente en lugar de hacer que el pequeño personaje avance por el Reino de las Setas. ¿Harías eso porque no estuvieses contando con la vida extra? ¿Por qué asumir esa actitud de «lo que viene fácil, fácil se va»? Lo mismo pasa con cualquier dinero que recibas. Al «maximizar tu vida» no le importa de dónde procede tu dinero. Tanto si lo ganas con un trabajo que te encanta como si lo heredas de tu bisabuelo, tanto si el dinero es un subproducto del dedicarte a tu pasión o de ser un miembro del club de los nacidos de buena cuna, una vez que te lo dan se convierte en tuyo, y una vez que es tuyo, ahora representa horas de tu vida, que puedes intercambiar por lo que sea que te ayude a llevar la mejor vida que puedas.

Si la danza es tu vida y resulta que, además, ganas dinero con ella, sigue adelante y gástatelo en experiencias relacionadas con la danza: date un capricho con lecciones privadas con los mejores profesores si eso es lo que valoras, o contrata a alguien para que limpie tu casa, de modo que dispongas de más tiempo para dedicarte a ella. No permitas que ese dinero se quede sin usar y se desaproveche debido a su procedencia. La fuente de tu dinero no modifica el cálculo sobre la maximización de tu vida.

Cuando pronuncio las palabras «morir con cero», la reacción inmediata de la mayoría de la gente es la de miedo, seguida rápidamente del sentimiento de que morir con dinero sobrante no es un despilfarro total, porque el dinero irá a parar a los herederos, o quizás a la beneficencia. La expresión más común de esta creencia es: «¿Qué pasa con los hijos?».

La cuestión de los hijos aparece con mucha frecuencia, y se pueden decir muchas cosas al respecto que merecen su propio capítulo, y de hecho tiene uno, junto con mis pensamientos sobre las donaciones a la beneficencia; pero por ahora permíteme que me centre en mi respuesta a la cuestión relativa a los hijos.

En primer lugar, sí, puedes dejar dinero a las personas y las causas que te importan, pero lo cierto es que a ellas les iría mejor si pudiesen obtener tu riqueza más pronto que tarde. ¿Por qué esperar hasta después de tu muerte?

En segundo lugar, independientemente de la cantidad que des a otros, se convertirá en su dinero de inmediato, y no en el tuyo; pero cuando hablo de morir con cero, estoy hablando de tu dinero. Lo que le hayas dado a tus hijos seguirá siendo suyo, por lo que no hay necesidad de planear disponer de dinero sobrante para dejarles. Aprenderás mucho más sobre cómo planificar deliberadamente qué dejar, a quién y cuándo en el capítulo 5 («¿Qué pasa con los hijos?»).

Ahora permíteme abordar el miedo. Mucha gente me ha dicho que teme (incluso le aterroriza) quedarse sin dinero antes de morir, y lo comprendo. Nadie quiere pasar los últimos años de su vida sumido en la pobreza, por lo que es comprensible que se ahorre para el futuro. Y no estoy diciendo que no debieras ahorrar para el futuro, sino que la gente que ahorra tiende a ahorrar *demasiado* para *demasiado tarde* en su vida. Se privan ahora para cuidar de un yo futuro muy y muy mayor: un yo futuro que nunca vivirá lo suficiente para disfrutar de ese dinero.[5]

---

5. Los economistas que estudian los gastos y el ahorro saben que la gente mayor no desacumula sus ahorros lo suficientemente rápido, y las razones que argumentan

La gente que ahorra demasiado

¿Cómo sé que la gente ahorra demasiado para demasiado tarde? He visto las estadísticas. Si te fijas en los datos del patrimonio neto según la edad, te encontrarás con que la mayoría de la gente sigue acumulando riqueza durante décadas, y la mayoría no empieza a gastarla hasta muy tarde en su vida.

Patrimonio neto medio según la edad del propietario

El patrimonio neto medio de los estadounidenses sigue aumentando por lo menos hasta la mitad de su setentena.

La Junta de la Reserva Federal de Estados Unidos monitoriza lo que los estadounidenses han acumulado en varias etapas de su vida.[6] Sabemos, por ejemplo, a partir de su Encuesta de Finanzas de los Consumidores más reciente que el patrimonio neto medio de los hogares estadounidenses encabezado por alguien de 45-54 años es de 124 200 dólares.

---

coinciden con las razones que oigo muy frecuentemente en las conversaciones: «ahorros preventivos» (para abordar el miedo de quedarse sin dinero o no disponer de suficiente para gastos imprevistos) y «el motivo de la herencia» (¿Qué pasa con los hijos?).

6. BRICKER, J. *et al.* (2017): «Table 2: Family Median and Mean Net Worth, by Selected Characteristics of Families, 2013 and 2016 Surveys», *Federal Reserve Bulletin* vol. 103, n.º 13, www.federalreserve.gov/publications/files/scf17.pdf

Eso significa que la mitad de los hogares de este grupo de edad han ahorrado por lo menos 124 200 dólares, mientras que la otra mitad han ahorrado menos de esa cantidad (algunos de ellos han ahorrado mucho más, y otros mucho menos). Lo que resulta más interesante que la media para este grupo de edad es la tendencia general. Al fijarnos en las cifras del patrimonio neto para otras edades, se puede ver un patrón claro: el patrimonio neto medio sigue aumentando a medida que la gente envejece.

Es fácil averiguar por qué: los ingresos anuales tienden a aumentar con la edad, y la gente sigue ahorrando lo que no gasta, por lo que su cofre del tesoro crece. Y eso es genial hasta un cierto punto, porque hay un punto óptimo en la vida de cada cual durante el que se puede disfrutar al máximo de los frutos de su riqueza. El problema es que la gente sigue ahorrando pasado ese punto óptimo. Por lo tanto, los cabezas de familia estadounidenses de 65-74 años tienen un patrimonio neto de 224 100 dólares, que es superior a los 187 300 dólares ahorrados por los propietarios de 55-64 años. Eso es una locura: ¡los septuagenarios siguen ahorrando para el futuro! De hecho, incluso mediada la setentena, la mitad superior de la población no empieza a hacer uso de sus ahorros. El patrimonio neto medio de los propietarios estadounidenses de 75 o más años es el más elevado de entre todos los grupos de edad: 264 800 dólares. Por lo tanto, incluso con una esperanza de vida creciente, millones de estadounidenses siguen el camino de hacer que su dinero duramente ganado les sobreviva. Sí, la gente mayor suele ahorrar para afrontar los costes de los cuidados de su salud, pero como verás pronto, los gastos generales de la población disminuyen con la edad, incluso contando los costes de la asistencia sanitaria.

Otros datos apuntan en la misma dirección. Un estudio de 2018 llevado a cabo por el Instituto de Investigación de Beneficios Laborales (Employee Benefit Research Institute)[7] empleó datos de la riqueza de

---

7. BANERJEE, S. (2018): «Asset Decumulation or Asset Preservation? What Guides Retirement Spending?», *Employee Benefit Research Institute,* resumen informativo n.º 447, www.ebri.org/docs/default-source/ebri-issue-brief/ebri_ib_447_asset-preservation-3apr18.pdf?sfvrsn=3d35342f_2

los estadounidenses mayores (ingresos y activos) y sus gastos para ver cuánto cambiaban los activos durante sus primeros 20 años de jubilación («o hasta su fallecimiento», añadieron los autores del estudio, como para recordar a los lectores que no todos logran disfrutar de 20 años de jubilación). En otras palabras, ¿las personas gastan sus activos o los conservan en gran medida? Aquí tenemos algunos de sus hallazgos clave:

- En general, la gente es muy lenta gastando («desacumulando») sus activos.
- A lo largo de los grupos de edad, tanto si nos fijamos en los jubilados sexagenarios o en los nonagenarios, el índice medio entre el gasto y los ingresos por hogar se sitúa alrededor de un 1:1. Esto significa que los gastos continúan siguiéndole de cerca el rastro a los ingresos, por lo que a medida que éstos disminuyen, los gastos también lo hacen. Ésta es otra forma de ver que los jubilados no están gastando todo el dinero que han ahorrado.
- En el extremo superior, los jubilados que poseían 500 000 dólares o más antes de su jubilación habían gastado una media de sólo el 11,8 % de ese dinero 20 años después o en el momento de su fallecimiento. Eso supone que les queda más de un 88 %, lo que significa que una persona que se jubile a los 65 años con medio millón de dólares sigue teniendo más de 440 000 dólares a los 85 años.
- En el extremo inferior, los jubilados con menos de 200 000 dólares ahorrados para su jubilación gastaron un mayor porcentaje (como cabría esperar, ya que tenían menos dinero total que gastar), pero incluso los miembros promedio de este grupo habían gastado sólo una cuarta parte de sus activos 18 años después de su jubilación.
- De hecho, una tercera parte de todos los jubilados incrementó sus activos después de su jubilación. En lugar de «desacumular» lenta o rápidamente, siguieron acumulando riqueza.
- Los jubilados que cobran una pensión (lo que significa que tenían una fuente garantizada de ingresos continuos) gastaron una mucho menor cantidad de sus activos (sólo el 4 %) durante los primeros 18 años tras su jubilación que los no pensionistas (que se gastaron un 34 %).

Por lo tanto, quienes, en los años durante los que trabajaban, hubieran dicho que estaban ahorrando para su jubilación, no están gastándose esos ahorros para su retiro una vez alcanzan la jubilación. No están en el camino para morir con cero. Algunos de ellos parecen no aspirar a morir con cero, y esto es especialmente cierto cuando te fijas en la gente con pensiones. Los pensionistas podrían echar más mano a sus ahorros que nadie, ya que sus ingresos garantizados de por vida les aseguran que nunca morirán de hambre, pero éstos se gastan el menor porcentaje de su riqueza, probablemente porque, tal y como muestran los datos, ya para empezar poseían más riqueza.

Por lo tanto, la pregunta es válida: ¿por qué no se gastaron más dinero los jubilados cuando eran lo suficientemente jóvenes para disfrutarlo más? ¡¿A qué estaban esperando?!

Hay un par de respuestas a esa pregunta. La primera es que la gente tenía buenas intenciones para gastarse el dinero, pero una vez que alcanzaron una cierta edad, se encontraron con que sus deseos y necesidades cambiaron o quizás disminuyeron. Los expertos en planificación para la jubilación disponen de una jerga adecuada a este patrón de consumo: años dinámicos, años de ralentización y años en los que no se está en condiciones.[8] La idea es que, en cuanto te jubilas, estás deseoso de vivir todas esas experiencias que has dejado a un lado hasta tu retiro, y sigues (en la mayor parte de los casos) disponiendo de la buena salud y la energía para dedicarte a esas experiencias. Esos son tus años dinámicos. Más adelante, normalmente en tu setentena, empiezas a ralentizarte mientras tachas cosas de tu lista de cosas que hacer antes de morir y tu salud empeora. Y más adelante todavía, en tu ochentena o más allá, ya no dispones de mucho «dinamismo», independientemente de cuánto dinero tengas. Tal y como lo expresaba un asesor de planificación de la jubilación, «Mi padre tiene 86 años y no quiere ir a ningún sitio, tan sólo estar cerca de casa».[9]

---

8. STEIN, M. K.: The Prosperous Retirement. Emstco Press, Boulder (Colorado), 1998.
9. HEALING, D.: «How Much Money Will You Need After You Retire? Likely Less Than You Think», Financial Post, 9 de agosto, 2018, https://business.financialpost.com/personal-finance/retirement/how-much-money-should-you-have-left-when-you-die-likely-less-than-you-think

Eso mismo sucedía con mi abuela cuando estaba a finales de su setentena y yo a finales de mi veintena. Empezaba a abrirme camino como inversor y estaba emocionado por compartir mi nueva riqueza con mis seres queridos, y mi abuela era uno de ellos. Por lo tanto, le di un cheque de 10 000 dólares. Ahora parece un regalo tonto, y si entonces hubiese sabido lo que sé ahora, le hubiera, en lugar de ello, regalado una verdadera experiencia memorable, como un viaje para visitar a familiares en otro estado. Pero entonces yo era del parecer de que la gente es la que mejor sabe qué regalarse a sí misma. Hubiera querido que alguien me hubiese dado el dinero, por lo que eso es lo que hice por mi abuela.

Ella vivía con mi madre en esa época, por lo que de vez en cuando le preguntaba a mi madre en qué se había gastado el dinero mi abuela, y resultaba que mi abuela no se lo estaba gastando en nada. No es que fuera pobre y lo necesitara para pagar las facturas. Lo que ocurría es que no le quedaba mucho «dinamismo». Cuando llegó la Navidad de ese año, mi abuela me regaló un jersey. A fecha de hoy, y hasta donde sé, ese jersey (que imagino que le habría costado unos 50 dólares) fue lo único que se gastó de mi regalo de 10 000 dólares. No obtuvo una alegría incremental de esa transferencia de 10 000 dólares, aparte de la de dicha de comprarme ese jersey, o de saber que su nieto quería regalarle dinero.

Pero, por la razón que fuese, no podía gastarse el dinero. Era demasiado ahorrativa por su propio bien: alguien que, de hecho, conservaba cada tresillo, sofá de dos plazas y butaca cubiertos con plástico para proteger la tapicería del desgaste por su uso. Lamentablemente, por supuesto, el plástico también hacía que esos muebles fuesen incómodos y poco atractivos. Un día fui a su casa para asistir al funeral de un conocido y me senté en un sofá colorido y cómodo (había quitado el plástico para esa ocasión especial); pero la siguiente vez que la visité, había vuelto a colocar el plástico, que permaneció puesto durante el resto de su vida. Nunca entendí por qué se gastaba todo ese dinero en unos muebles que no llegó a disfrutar? El plástico que cubría los sofás es un pequeñísimo ejemplo de buena parte de lo que explico en este libro: la falta de sentido de la gratificación demorada indefinidamente.

Podrías pensar que, a medida que la gente se hace mayor, gasta dinero más libremente debido a su puro deseo de sacarle el máximo provecho antes de que sea demasiado tarde, pero tiende a suceder lo contrario. En general, el gasto en los hogares estadounidenses se reduce a medida que la gente envejece. Por ejemplo, la Encuesta de Gasto de los Consumidores, llevada a cabo por la Oficina de Estadísticas Laborales de Estados Unidos (U.S. Bureau of Labor Statistics), averiguó que, en 2017, la media anual de gastos de los hogares con cabezas de familia de 55-64 años fue de 65 000 dólares. El gasto medio bajó a los 55 000 en los hogares con cabezas de familia de 65-74 años; y volvió a caer hasta los 42 000 dólares en los hogares con cabezas de familia de 75 o más años.[10] Esta reducción general se dio a pesar del aumento en los gastos de asistencia sanitaria, porque la mayoría del resto de los gastos, como la ropa y el ocio, fueron mucho menores. La reducción del gasto a lo largo del tiempo fue incluso más marcada en el caso de los jubilados con más de 1 millón de dólares en activos, de acuerdo con otras investigaciones realizadas por la División de Gestión de Activos de J. P. Morgan (J. P. Morgan Asset Management), que analizó datos de más de medio millón de sus clientes.[11]

Muchos planificadores financieros están muy familiarizados con este patrón. En las páginas web que proporcionan asesoría para la jubilación, las referencias a los «años de ralentización» y los «años en los que no se está en condiciones» abundan; pero el mensaje del «dinamismo» decreciente no parece haber llegado al público general, y si no eres consciente de este patrón bastante predecible, es probable que esperes (incorrectamente) tener unos gastos constantes procedentes de las experiencias desde el día en el que te jubiles hasta el día de tu fallecimiento. Ésa es una de las razones por las cuales quizás ahorres en exceso y gastes poco.

---

10. «Table 1300: Age of Reference Person: Annual Expenditure Means, Shares, Standard Errors, and Coefficients of Variation, Consumer Expenditure Survey, 2017», U.S. Bureau of Labor Statistics, www.bls.gov/cex/tables/calendar-year/mean-item-share-average-standard-error/reference-person-age-ranges-2017.pdf

11. FINCH, P.: «The Myth of Steady Retirement Spending, and Why Reality May Cost Less», *The New York Times,* 29 de noviembre, 2018, www.nytimes.com/2018/11/29/business/retirement/retirement-spending-calculators.html

Exceso de precaución

Pero hay otra razón más intencionada por la cual se ahorra demasiado y se gasta poco, dejando dinero tras de sí al fallecer. Algunas personas nunca se plantearon gastar todo ese dinero en experiencias de la vida, pero en lugar de ello han ahorrado para los gastos inesperados en su ancianidad, especialmente los médicos. No es solamente que la salud empeore con la edad, lo que genera unos mayores gastos médicos hacia el final de la vida. También sucede que los gastos reales son difíciles de predecir. ¿Necesitarás una operación quirúrgica para un triple *bypass* o el equivalente a años de trabajo para un tratamiento contra el cáncer? ¿Tendrás que pasar años en una residencia de ancianos?

En teoría, para eso son los seguros: para protegernos de cualquier calamidad que nos afecte; pero incluso quienes poseen seguros contratados se encuentra a veces con unas facturas médicas elevadas. Esto puede suceder debido a unos gastos deducibles altos o unos copagos elevados por las recetas, o a que, por alguna razón, el asegurador deniegue la cobertura. Como la mayoría de la gente quiere permanecer viva después de enfermar, es natural y razonable ahorrar para cuidados sanitarios, y cuando los costes de éstos son inciertos, se tiende a ahorrar todavía más.[12]

Pese a ello, incluso después de tener en cuenta la incertidumbre de los costes, mucha gente sigue ahorrando demasiado.[13] Para mí, eso es como salir y comprar una estupidez, como un seguro contra una invasión de robots alienígenas. Es decir, asumiendo que haya una pequeñísima posibilidad de que robots alienígenas invadan la Tierra y generen el caos en nuestra vida, ¿significa eso que deberías construir

---

12. Chou, S.-Y.; Liu, J.-T. y Hammitt, J. K. (2003): «National Health Insurance and Precautionary Saving: Evidence from Taiwan», *Journal of Public Economics,* vol. 87, pp. 1873-1894, doi:10.1016/S0047-2727(01)00205-5. Cuando el gobierno de Taiwán empezó a ofrecer seguros de enfermedad, los ahorros de la gente descendieron.
13. Palumbo, M. G. (1999): «Uncertain Medical Expenses and Precautionary Saving Near the End of the Life Cycle», *Review of Economic Studies, vol. 66,* pp. 395-421, doi:10.1111/1467-937X.00092, https://academic.oup.com/restud/article-abstract/66/2/395/1563396

un refugio especial para protegerte? Yo preferiría correr el riesgo y emplear el dinero para algo más útil y agradable.

Planificar tus gastos médicos mediante el ahorro se parece mucho a eso, pese a que es cierto que es mucho más probable que necesites cuidados sanitarios costosos a que veas a unos extraterrestres fuertemente armados e ultra inteligentes. Para exponerlo claramente, ninguna cantidad de ahorros disponible para la mayoría de la gente cubrirá los cuidados sanitarios más caros que puedas necesitar. Los tratamientos contra el cáncer, por ejemplo, pueden costar medio millón de dólares al año.

O, si los gastos médicos que tienes que pagar de tu bolsillo ascienden a 50 000 dólares por noche (como sucedió en el caso de la estancia de mi padre en el hospital al final de su vida), ¿importa realmente si has ahorrado 10 000, 50 000 o incluso 250 000 dólares? No, no importa porque los 50 000 dólares extra te compararán una noche más: una noche que muy bien habría podido llevarte un año de trabajo ganar. De forma similar, 250 000 dólares ahorrados a lo largo de no importa los muchos años que te haya llevado quedarán borrados del mapa en cinco días. No estoy sugiriendo que debas acumular grandes costes hospitalarios con un plan para después no pagarle esas facturas al hospital, sino que no puedes desentenderte de los cuidados sanitarios caros al final de tu vida. Como los cuidados médicos no asegurados son tan costosos, no supondrá ninguna diferencia real para la gran mayoría de nosotros si ahorramos para ellos o no. O el gobierno pagará por ellos o morirás.

Pero digamos que no formas parte de la amplia mayoría. Imaginemos que posees millones, o decenas de millones. ¿Qué pasa entonces? Incluso aunque ganes suficiente como para ahorrar para pasar algunos meses extra de vida en el hospital, no puedo ver la lógica de eso. Existe una gran diferencia entre vivir la vida y que te mantengan vivo, y preferiría gastar en la primera opción. Por lo tanto, no trabajaré durante años para ahorrar para pasarme algunos meses más conectado a un ventilador con una calidad de vida cercana a cero o, dependiendo del nivel de sufrimiento, quizás incluso negativa. Por consiguiente, en lugar de implicarse en el «ahorro preventivo», tal como llaman los economistas a esta práctica, permitiré que salgan las cartas que hayan de salir. Todos moriremos, tarde o temprano, y yo preferiría morir cuando haya llegado el momento adecuado en lugar de sacrificar mis mejores años sólo para exprimir unos pocos días al final; o como me gusta decir. «¡Nos vemos en la tumba!».

Además, es mucho más inteligente gastarte tu dinero en asistencia sanitaria al principio (para conservar la salud e intentar prevenir enfermedades) que gastártelo al final, cuando le sacas mucho menos partido a tu dinero. De hecho, muchas compañías aseguradoras no sólo cubren los cuidados preventivos como las mamografías, sino que también creen lo suficiente en el ahorro económico a largo plazo derivado de la prevención de las enfermedades que, de hecho, te pagan (en forma de tarjetas de regalo, por ejemplo) para que te sometas a revisiones regulares y otros cuidados preventivos.[14] No podrás evitar todas las posibles enfermedades, independientemente de lo que hagas, pero sí puedes hacer que algunos problemas de salud sean mucho menos probables, y disfrutarás de una mejor calidad de vida a lo largo del camino.

Puede que esto suene a como si te estuviera apremiando a centrar todos tus esfuerzos en tu juventud y que pienses detenidamente en lo que sucede cuando eres anciano y frágil; pero eso supondría una distorsión engañosa con respecto a lo que estoy diciendo. Pese a que suponga un enorme error sacrificar en gran medida tu vida ahora por una mejor calidad de vida en tu ancianidad, comprendo el deseo que tienes de que te cuiden cuando seas mayor y vulnerable. Por lo tanto, ¿cómo te aseguras estar cubierto si necesitas cuidados a largo plazo sin tener que ahorrar una cantidad enorme de dinero que no te gastarás si no necesitas atención geriátrica? La respuesta: un seguro de cuidados médicos a largo plazo. Investígalo y puede que descubras que cuesta menos de lo que pensabas, especialmente si empiezas a pagar primas antes de los 65 años.[15]

Hay una idea más general que quiero transmitir. Por cada cosa relativa al futuro que te pueda preocupar existe una póliza para protegerte.

---

14. GORMAN, A.: «Medical Plans Dangle Gift Cards and Cash to Get Patients to Take Healthy sSeps», *Los Angeles Times,* 5 de diciembre, 2017, www.latimes. com/business/la-fi-medicaid-financial-incentives-20171205-story.HTML

15. STARK, E.: «5 Things You SHOULD Know About Long-Term Care Insurance», *AARP Bulletin,* 1 de marzo, 2018, www.aarp.org/caregiving/financial-legal/in-fo-2018/long-term-care-insurance-fd.html

Eso no significa que te recomiende adquirir un seguro para cada cosa, ya que, obviamente, los seguros cuestan dinero; pero el hecho de que las compañías estén dispuestas a vender pólizas para cubrir distintos riesgos muestra que éstos pueden cuantificarse, y eliminarse en el caso de aquellos que no quieras correr.

En este capítulo he intentado mostrarte por qué morir con cero es un objetivo que vale la pena y una forma de evitar un importante despilfarro de energía vital. Pero ¿qué sucede con el cómo? Si eres como la mayoría de la gente, seguirás con dudas sobre la viabilidad de alcanzar esta meta, especialmente dada la incertidumbre acerca de cuánto vivirás. El cómo es el asunto que se tratará en el siguiente capítulo.

Recomendaciones

- Si sigues preocupado y eres reacio a la idea de morir con cero, intenta averiguar de dónde procede esta resistencia psicológica.

- Si te encanta tu trabajo y adoras trabajar cada día, da con formas en las que puedas gastarte tu dinero en actividades que encajen con tu horario laboral.

4

¿CÓMO GASTARTE TU DINERO (SIN QUEDARTE SIN BLANCA ANTES DE MORIR)?

Norma número 4:

Emplea todas las herramientas disponibles para ayudarte a morir con cero

Si sigues aquí, asumo que estás de acuerdo en que intentar morir con cero es una buena idea, por lo menos en principio; pero probablemente te muestres escéptico sobre la viabilidad de alcanzar este objetivo.

Y tienes razón por mostrarte escéptico. De hecho, morir con cero es una meta imposible. Conseguirlo requeriría saber exactamente cuándo vas a morir, pero no somos Dios, por lo que no podemos saberlo.

Pese a ello, sólo porque no podamos predecir la fecha exacta, eso no significa que no podamos aproximarnos. Permíteme explicarme. ¿Has usado alguna vez una calculadora de esperanza de vida? Muchas compañías aseguradoras las ofrecen gratis en sus páginas web, y creo que es, en cierto grado, divertido probarlas. Estas calculadoras son unas herramientas imprecisas, pero para predecir cuánto vivirás, te hacen una serie de preguntas sobre tu edad actual, sexo, altura y peso (¿qué tal está tu índice de masa corporal?), tus patrones de consumo de tabaco y alcohol, y otros predictores importantes de tu estado general de salud. Algunas también te preguntan sobre tu historial médico familiar y si usas el cinturón de seguridad en el coche. Después de haber contestado a todas estas preguntas, la calculadora te ofrece una cifra: ¡vivirás hasta los 94 años! (O hasta los 55 si no pierdes 40 kilos y dejas de beber como un cosaco y fumar un paquete de cigarrillos cada día).

Intentar averiguar cuánto vivirás puede que no sea tu ideal de la diversión. Puede que te parezca un ejercicio morboso, junto con planificar tu funeral y hacer un listado de tus herederos en un formulario de un seguro de vida. Bien, no tiene que gustarte para que valga la pena hacerlo. Si no quieres usar una calculadora de esperanza de vida, eso es cosa tuya: entonces, no me digas que no tienes ni idea de cuánto vivirás y luego uses eso como excusa para ahorrar dinero como si fueras a vivir hasta los 150 años.

Independientemente de la cifra que arroje la calculadora, se trata de una aproximación obtenida por actuarios, que son los expertos contratados por las compañías de seguros para prever el riesgo basándose en estadísticas fiables. Si la calculadora te da una cifra, puedes pensar en ella como una estimación fundamentada basada en la duración de la vida en el pasado de personas que son aproximadamente como tú. Mucha gente que es como tú murió antes de alcanzar este valor medio, y mucha también murió a una mayor edad. Por lo tanto, existe una media y también un rango. Para reflejar esta realidad, algunas calculadoras de esperanza de vida informan de sus resultados en forma de probabilidades. Puede Que te digan, por ejemplo, que tienes una probabilidad del 50 % de vivir hasta los 92 años, un 10 % de alcanzar los 100, etc. Estas probabilidades muestran que predecir la esperanza de vida de una persona es una ciencia inexacta; pero conocer sólo las probabilidades de supervivencia a una cierta edad sigue siendo mejor que no saberlo en absoluto. Si no tienes ni idea de cuándo fallecerás, no podrás tomar decisiones que estén cerca de ser óptimas. Eso significa que, si eres una persona cauta, ahorrarás y gastarás como si fueses a vivir 150 años, y puede que incluso actúes como si fueses a vivir para siempre, como esas personas que nunca echan mano de su capital, y vivas sólo de los intereses generados. Como resultado, morirás con mucho dinero, mucho más que cero, lo que significa que habrás malgastado muchas horas de tu energía vial ganando dinero que nunca llegarás a disfrutar.

Saber, por lo menos aproximadamente, cuándo morirás, te ayudará a tomar decisiones mucho mejores sobre ganar dinero, ahorrarlo y gastarlo. Por lo tanto, te insto a que sigas adelante y pruebes una calculadora de esperanza de vida.

Puede que te estés preguntando qué calculadora concreta usar. Formulé está pregunta a la Asociación de Actuarios de Estados Unidos, ya que ellos son los verdaderos expertos. No promocionaron una calculadora concreta, pero en lugar de ello me remitieron a su propia página web (soa.org), que principalmente ofrece herramientas para actuarios profesionales. Hay una herramienta muy accesible que su página web recomienda: El Ilustrador de Longevidad de los Actuarios (*Actuaries Longevity Illustrator*, www.longevityillustrator.org/). Basándose en tus respuestas a sólo unas pocas preguntas, proporciona una tabla que muestra tus probabilidades de morir a distintas edades Su idea es mostrarte el riesgo de vivir más que tus recursos, pero mirando el extremo, puedes ver lo baja que es la probabilidad de que vivas pasada una cierta edad.

Otro enfoque consiste en preguntarle a tu agente de seguros, y muchas aseguradoras que venden seguros de vida ofrecen calculadoras online gratuitas que cualquiera puede usar.

Si quieres obtener una estimación más precisa de tu esperanza de vida basada en factores de salud adicionales, deberás contestar a más preguntas relacionadas con la salud y el estilo de vida. Una herramienta útil es la calculadora Vivir hasta los 100 años (*Living to 100*, www.livingto100.com), diseñada por un médico e investigador que estudia la longevidad excepcional.

¿Qué has descubierto después de probar una o más de estas herramientas? Si has probado múltiples calculadoras, ¿cuán constantes han sido los resultados? ¿Es probable que fallezcas más tarde de lo que pensabas? ¿Estás pensando que quizás quieras cambiar tu estilo de vida o ver qué sucede si vuelves a hacer los cálculos dentro de algunos años? Todas son buenas preguntas, y pensar en ellas supone un primer paso hacia la optimización de tus gastos.

¿Pero cómo? Dado que queremos morir con cero, y que acertar exactamente con el cero es imposible, ¿cómo te aproximas al cero? ¿Cómo lidias con la variabilidad de la vida humana?

El primer aspecto al que enfrentarse es la incertidumbre. La posibilidad de que vivas más de lo que esperas se llama *riesgo de longevidad*. Nadie quiere morir pronto (la posibilidad de eso recibe el nombre de *riesgo de mortalidad*), pero nadie quiere, tampoco, fallecer después de quedarse sin dinero (sin él, tu calidad de vida disminuirá mucho, por decirlo suavemente). Así pues, hay incertidumbre por ambos lados de la duración previsible de tu vida, y queremos dilucidar cómo lidiar con las consecuencias económicas negativas de esa incertidumbre.

Para ello, tal y como se ha apuntado, existen productos financieros. Pues bien, en realidad, no quiero venderte productos financieros y no quiero entrar en sus minucias (sobre las que no soy ningún experto), pero hay algunos elementos básicos que debes comprender antes de que decidas que morir con cero no es para ti. Y no hace falta que sea un asesor financiero titulado para decirte cuáles son esos elementos básicos, como tampoco necesito ser un mecánico de coches para decirte que si quieres conducir por todo el país necesitarás un automóvil.

¡Tú no eres un buen agente de seguros!

Probablemente ya conozcas el producto financiero usado para lidiar con el riesgo de mortalidad, el riesgo de fallecer pronto. Se trata, por supuesto, del seguro de vida. Las compañías de estos seguros no saben exactamente cuándo morirás, al igual que tú tampoco lo sabes, no obstante, pueden pagar a tus herederos cuando fallezcas, independientemente de cuándo suceda. Las aseguradoras pueden hacer eso con gran certeza porque están asegurando simultáneamente a millones de personas: algunos asegurados fallecerán antes que la media, pero otros morirán más tarde, por lo que los «errores» por ambos lados se compensarán. Eso significa que una compañía aseguradora no necesita saber cuándo fallecerás: sólo debe conocer lo suficientemente bien los datos de la esperanza de vida de su conjunto total de asegurados para tener la certeza de poder pagar y, aun así, obtener un beneficio general.

Esta capacidad de agrupar el riesgo a lo largo de un gran número de personas es lo que proporciona a las compañías aseguradoras su ventaja sobre ti como individuo. Ésa es la razón por la cual la gente está dispuesta a pagar dinero para comprar pólizas de todo tipo en lugar de intentar protegerse del riesgo por su cuenta. *Tú no eres un buen agente de seguros.*

Así que eso es un seguro de vida: te ayuda a lidiar con el riesgo de mortalidad, y el 60 % de los estadounidenses tiene por lo menos algún tipo de póliza de vida.[1] La gente es menos consciente de que existen productos financieros diseñados para lidiar también con el riesgo de longevidad. Como muchos temen quedarse sin dinero antes de fallecer, hay un producto que, indudablemente, deberían estudiar. Estos productos se llaman *anualidades de ingresos* (o simplemente *anualidades*). Las anualidades son, en esencia, lo contrario a un seguro de vida: cuando adquieres una póliza de vida, gastas dinero para proteger a tus supervivientes frente al peligro de que fallezcas demasiado joven, mientras que comprar anualidades te protege del riesgo de fallecer demasiado mayor (de que vivas más que tus ahorros).

Si no quieres enterarte sólo por mí, escucha a Ron Lieber, el columnista de la sección «Tu dinero» del periódico *The New York Times*. «Las compañías aseguradoras que crean anualidades suelen hacer que parezcan como inversiones», escribió en un reciente artículo divulgativo sobre las anualidades. «Pero lo cierto es que son más como un seguro». Lieber proseguía: «Al igual que las pólizas para prevenir el desastre económico, una anualidad es algo que adquieres para garantizarte que no te quedarás sin dinero si vives muchos años».[2]

De hecho, pensar en las anualidades como si fuesen un seguro las hace mucho más adecuadas que pensar en ellas como en inversiones, ya que como inversiones no son buenas en absoluto. Pero ése no es su objetivo: su meta es asegurarte contra el riesgo de vivir más que tu dinero.

¿Cómo alcanzan ese objetivo? Bueno, adquirir una anualidad significa que le das a la compañía un pago único (pongamos medio millón de dólares a los 60 años), y a cambio recibes un pago mensual garantizado (por ejemplo 2 400 dólares cada mes) durante el resto de tu vida, independientemente de lo larga que sea. Al igual que todas las pólizas, las anualidades no son gratis: las compañías aseguradoras tienen que

1. «Distribution of Life Insurance Ownership in the United States in 2019». Statista, www.statista.com/statistics/455614/life-insurance-ownership-usa/
2. LIEBER, R.: «The Simplest Annuity Explainer we Could Write», *The New York Times,* 14 de diciembre, 2018, www.nytimes.com/2018/12/14/your-money/annuity-explainer.html

ganar dinero para seguir en el negocio, pero si tu objetivo es maximizar las experiencias de la vida que puedes comprar con el dinero ganado son una solución muy sensata. Eso se debe, en parte, a que incluso después de las tasas de la compañía aseguradora, los pagos mensuales que recibes totalizan más de lo que probablemente estarías dispuesto a pagar si quisieras asegurarte de no vivir más que tu dinero. Por ejemplo, una regla empírica popular para los gastos durante la jubilación es la «norma del 4 %», por la cual retiras el 4 % de tus ahorros cada año de jubilación. Pues bien, con las anualidades los pagos anuales que recibes probablemente sumarán más del 4 % de la cantidad que dedicaste a la anualidad y, al contrario que las retiradas de capital del 4 %, está garantizado que esos pagos continuarán durante el resto de tu vida.

La razón por la cual la compañía aseguradora puede proporcionarte una rentabilidad que es tanto constante como razonablemente alta es que no estás gastando el dinero tontamente. Renuncias a tu capital principal para siempre. En el caso extremo (si falleces el día antes de adquirir la anualidad), no verás nada del dinero que pusiste, y en lugar de ello irá a parar a los pagos mensuales del afortunado desconocido (otro comprador de una anualidad) que viva hasta ser nonagenario. Por otro lado, sin la anualidad te ves forzado a autoasegurarte (ser tu propio agente de seguros). Esa no es una gran idea, porque al contrario que los agentes de seguros, que trabajan para grandes compañías aseguradoras, no dispones de la capacidad de agrupar el riesgo y compensar errores por ambos lados. Por lo tanto, para sentirte económicamente seguro hasta el final de tus días tendrás que dejar un gran colchón para cubrir el peor de los casos posibles: tendrás que ahorrar excesivamente, lo que significa que lo más probable es que fallezcas con mucho dinero sobrante. Habrás trabajado durante años ganando un dinero del que nunca podrás disfrutar. Por lo tanto, si intentas jugar a ser un agente de seguros, ni siquiera te acercarás a la maximización de tu vida. Una vez más, ésta es la razón por la cual tú no eres un buen agente de seguros.

Los economistas piensan que las anualidades son una forma tan racional de lidiar con el riesgo de longevidad que muchos expertos se han preguntado, durante mucho tiempo, por qué la gente no compra anualidades: una cuestión que los economistas llaman «el puzle de las anualidades».[3]

Por lo tanto, ¿te estoy diciendo que pongas todos tus ahorros en una anualidad? No, por supuesto que no. Lo que estoy diciendo es que existen soluciones para el problema de cómo morir con cero sin quedarse sin dinero, y te estarías haciendo un flaco favor si, por lo menos, no les echases un vistazo.

Una vez más, recuerda que el objetivo consiste en eliminar tanto despilfarro como sea posible. Lo cerca que te quedes de esa meta dependerá de tu tolerancia al riesgo. Si tienes una muy baja (lo que significa que no aceptarás ni una mínima posibilidad de vivir más que tu dinero), comprarás una anualidad o te autoasegurarás guardando un gran colchón. Las probabilidades de que vivas 123 años son, actualmente, muy bajas. (La persona más anciana de la que se tienen datos falleció con 122 años y 164 días). Sin embargo, si eres una persona en extremo aversa al riesgo, dejarás un colchón lo suficientemente grande como para que te dure hasta tu 123.º año de vida.

Por otro lado, si te sientes cómodo viviendo al límite, no necesitarás este libro, ya que probablemente ya estés en el camino para morir con cero. Bueno, seguirás necesitando este libro, porque cuando vives peligrosamente cerca del precipicio, te arriesgas a vivir más que tu dinero. En general, no obstante, cuanto mayor sea tu tolerancia al riesgo de longevidad, menor será el colchón que necesitarás. Por lo tanto, cuanto mayor sea el riesgo que estés dispuesto a asumir, menor será la energía vital que es posible que malgastes trabajando por un dinero que nunca llegarás a gastar.

Supongamos, por ejemplo, que tu esperanza de vida es de 85 años, pero que quieres permitir un error del 5-6%. Si es así, puede que decidas ahorrar para algunos años extra (en este caso lo suficiente para aguantar hasta los 90 años); pero si no quieres haber malgastado cinco

---

3. THALER, R. H.: «The annuity puzzle», The New York Times, 4 de junio, 2011, www.nytimes.com/2011/06/05/business/economy/05view.html

Se han escrito docenas de artículos académicos sobre este tema. Si quieres obtener una explicación sencilla sobre el puzle, incluyendo algunas posibles respuestas, examina las columnas de opinión «Economic View» («Opinión económica») escritas por el reciente Premio Nobel Richard Thaler.

años de ahorros en caso de que fallezcas, tal y como se esperaba, a los 85 años, puedes eliminar ese despilfarro (y vivir un poco mejor entre este y ese momento) siempre que te parezca bien el riesgo.

No te estoy diciendo qué camino es el correcto: la tolerancia al riesgo es una preferencia singular y personal. Lo que sí quiero es que sepas que existe una gran diferencia entre pensar en tu tolerancia al riesgo y actuar debido al puro miedo. Por lo tanto, está bien que conozcas tu esperanza de vida, que pienses en tu tolerancia al riesgo y que luego hagas los cálculos para averiguar cuántos años tendrás que ahorrar. Sin embargo, eso no es lo mismo que tener tanto miedo de vivir más que tu dinero (o de pensar en la muerte) que incluso evites fijarte en las cifras. Si vives tu vida con miedo y evasión, mi apuesta es que te fundirás tu dinero o que jugarás tan sobre seguro que dejarás tras de ti muchos años del dinero que tanto te ha costado ganar, por lo que trabajarás muchos años como esclavo de tus propios miedos.

¿Qué problema estás resolviendo?

Una advertencia: las anualidades pueden ser muy complicadas. Se han escrito libros enteros sobre ellas. Para empezar, hay varios tipos distintos. Además, dependiendo de numerosos factores (como tu edad y estado de salud, tus ahorros totales y tu tolerancia al riesgo) quizás te vaya mejor evitando las anualidades por completo o empleando una mezcla de inversiones para la jubilación, de entre las cuales las anualidades son sólo una de ellas.

Los asesores financieros pueden ayudarte a poner las cosas en su lugar: no te culpo por no querer leer un libro sobre anualidades, pero no puedes permanecer ignorante, y tienes que ser claro sobre lo que quieres que haga el asesor. En primer lugar, necesitas comprender que algunos asesores financieros no quieren sacar a colación las anualidades: si a tu asesor le pagan un porcentaje de lo que los profesionales financieros llaman tus «activos bajo gestión», su incentivo consiste en acumular activos bajo gestión. Lo último que quieren es que saques todo tu dinero de la cartera que gestionan para ti. A fin de cuentas, para ellos las anualidades son la competencia.

Pero asumamos que estás trabajando con un asesor que sólo cobra sus honorarios, alguien a quien le pagas una tarifa fija por proporcionarte consejos financieros. Este tipo de asesor no tiene un incentivo para evitar las anualidades y tampoco le pagan comisiones por vender anualidades. Genial: no hay conflictos de interés en ninguna dirección. Tu asesor puede llevar a cabo la gimnasia mental para concebir un plan para ti, pero antes tienes que decirle cuál es tu objetivo, qué problema estás intentando resolver. Si tienes un problema en tu tejado, no llamarás al fontanero. El mejor fontanero del mundo no arreglará tu tejado con goteras. Del mismo modo, tu asesor financiero puede que sea genial escogiendo acciones, pero eso sólo resulta útil si el problema que debe resolverte es ser lo más rico posible, mientras que lo que nosotros estamos haciendo es aportarte soluciones para el disfrute total de tu vida.

Déjame repetir eso: *Te aportamos soluciones para el disfrute total de tu vida.*

Es decir, la premisa de este libro es que deberías centrarte en maximizar el disfrute de tu vida en lugar de maximizar tu riqueza. Se trata de dos objetivos muy distintos. El dinero no es más que un medio para un fin. Tener dinero te ayuda a alcanzar el objetivo, más importante, de disfrutar de tu vida; pero intentar maximizar tu dinero se interpone, de hecho, en el camino de alcanzar el objetivo más importante.

Por lo tanto, ten siempre presente este objetivo último. Haz que «maximizar el disfrute total de tu vida» sea tu mantra, usándolo para guiar cada decisión, incluyendo en qué centrarte con tu asesor financiero. Si le dices a tu asesor que sólo cobra sus honorarios que intentas obtener tanto disfrute de tus ahorros como sea posible sin vivir más que tus ahorros, te ayudará a crear un plan para hacer que eso suceda.

La parte de ese plan en el que me he centrado en este capítulo es cómo evitar quedarse sin dinero: cómo no gastar más que los ahorros que tienes. Pero, por supuesto, ésa sólo es la mitad de la cuestión de cómo morir con cero. La otra mitad consiste en cómo no desperdiciar tu energía vital por gastar demasiado poco. Así pues, ¿cuál es el plan para gastar tu dinero de modo que no fallezcas con activos sobrantes y un montón de arrepentimiento? En la jerga de los asesores financieros, ¿cómo deberías planear el «desacumular» el dinero que has acumulado a lo largo de los años? Mi respuesta completa a esa pregunta aparece en el capítulo 8 («Conoce tu cima»), pero permíteme que te aporte un pequeño esbozo aquí. Comienza por monitorizar tu salud, de modo que sepas cuándo empezar a gastar más de lo que ganas (cuándo abrir tu cofre del tesoro). También significa conocer la fecha prevista de tu fallecimiento y tu coste anual para, simplemente, mantenerte vivo, porque esas dos cifras juntas te dirán la cantidad mínima indispensable que necesitarás entre este momento y el final de tu vida.

Todos tus ahorros que excedan de esa cantidad son dinero que debes gastar intensamente en experiencias con las que disfrutes. Digo «intensamente» porque tu salud menguante y tus intereses decrecientes significan que tu lista de actividades se estrechará a medida que envejezcas, lo que significa que tu ritmo de gastos no permanecerá constante: si quieres morir con cero y sacarle el máximo partido al estado de salud que tengas en cada momento de tu vida, deberás gastar más en tu cincuentena que en tu sesentena, y más en tu sesentena que en tu setentena, por no hablar de cuando seas octogenario y nonagenario.

El capítulo 8 explica en mayor detalle estas ideas y te aporta herramientas para implementarlas por ti mismo o con la ayuda de un asesor financiero.

La cuenta atrás final

Al igual que todos los seres vivos, los humanos hemos evolucionado para sobrevivir. Por supuesto, queremos hacer más que sobrevivir. Por ejemplo, estoy seguro de que si te preguntase si quieres sobrevivir o medrar de verdad, escogerías medrar, pero nuestra biología es tal que los esfuerzos por vivir la mejor vida posible que podamos no surgen de forma tan natural o potente como el instinto básico de supervivencia. Evitar la muerte es nuestra principal prioridad, y ese único objetivo empequeñece todo lo demás. Mi amigo Cooper Richey lo expuso muy bien cuando dijo: «El cerebro humano está programado para ser irracional con respecto a la muerte». La gente evita el tema de la muerte, se comporta como si nunca fuese a llegar, y son demasiados los que no hacen planes al respecto. El momento de la muerte es, simplemente, una fecha misteriosa en nuestro futuro. Este tipo de negación total explica por qué tantas personas están dispuestas a gastarse decenas o incluso cientos de miles de dólares para prolongar su vida sólo unas pocas semanas más. Piensa en ello: se trata de dinero por el que pasaron años o décadas trabajando duro. Renunciaron a años de su vida mientras estaban sanos y llenos de vitalidad para comprar algunas semanas extra cuando están enfermos y postrados en la cama. Si eso no es irracional, entonces ya no sé lo que es.

Te aseguro que el dinero no tendrá ningún valor para ti cuando estés muerto. Ésa es la razón por la cual digo que deberías morir con cero. Debido a ello, no es irracional que una vez que te encuentres cerca del final te gastes todo el dinero que te quede para prolongar tu vida, incluso aunque sea un poquito. Llegado a ese punto, o lo usas o lo pierdes. Tal y como ha escrito un trío de notables economistas: «Una importante cantidad de gasto en cuidados fútiles es racional cuando dejar riqueza tras de ti no tiene ningún valor».[4]

Pero esa afirmación sólo es cierta si no has logrado planificar y, por lo tanto, ahora te encuentras intentando sacar el máximo provecho de una mala situación. ¿Y por qué ibas a meterte en esta mala situación? No a propósito, por supuesto. Nunca llegarías hasta ese punto si hubieses pensado racionalmente con antelación y hubieses hecho planes cuando tu salud era buena, porque un plan para gastarte una enorme porción de tu riqueza durante las últimas semanas de tu vida no tiene sentido. Es del todo irracional.

Pero aquí tenemos el problema: la gente es irracional con respecto a la muerte incluso cuando se encuentra cerca de ella. Ésa es la razón por la cual tiene un miedo desmesurado a quedarse sin dinero antes de fallecer: lo suficientemente grande como para empujar a mucha gente

---

4. BECKER, G.; MURPHY, K. y PHILIPSON, T. (2007): «The Value of Life Near Its End and Terminal Care» (documento de trabajo, National Bureau of Economic Research, Washington, D.C.), http://citeseerx.ist.psu.edu/viewdoc/download?doi=10.1.1.446.7983&rep=rep1&type=pdf

a ahorrar en exceso para un futuro lejano y, como resultado de ello, no logra disfrutar de su presente tanto como podría.

Pero la muerte y el deterioro de la salud son reales para todo el mundo, por lo que la fecha de tu fallecimiento en el futuro debería afectar a tu comportamiento actual. Piensa en ello paso a paso, empezando con el caso más extremo: si supieses que ibas a morir mañana, tu comportamiento y tus actividades hoy es obvio que cambiarían y que incluso darían un giro de 180 grados. Ahora llevemos las cosas un poquito menos lejos: si estuvieras a dos días de tu muerte, tu comportamiento y tus actividades cambiarían de forma un poco diferente, pero seguirían siendo muy distintas que si te quedaran 50 o 75 años de vida. Ahora piensa en cómo cambiaría tu comportamiento si supieses que te quedan 3 días para morir, ¿y si te faltaran 365 días? Ahora imagina repetir este bucle hasta llegar a los 14 000 o los 25 000 días, o el número real de días que probablemente te queden. Advierte cómo esta línea argumental se extiende hasta la fecha real de tu fallecimiento y modifica tus planes.

Date cuenta también de que no estoy diciendo que debieras vivir el día hoy como si fuese tu último día. Siempre debemos equilibrar el vivir en el presente con planificar el futuro, y que el equilibrio se inclina gradualmente a medida que te aproximas a la fecha de tu fallecimiento: cuanto más cerca te encuentres de esa fecha, más apremio deberás tener, y cuanto más lejos esté, más podrás y deberías planear para el futuro. Sin embargo, si no logramos ser conscientes de la fecha de nuestra muerte, actuaremos como si fuésemos a vivir para siempre, y entonces no habrá manera de que logremos ni siquiera acercarnos a acertar con el equilibrio.

Al mismo tiempo, pensar en la muerte puede ser angustiante, por lo que tendemos a evitar hacerlo, y nos comportamos como si nunca fuese a suceder. Seguimos postergando experiencias maravillosas, como si en nuestro último mes de vida pudiésemos embutir todas esas experiencias aplazadas a lo largo de nuestra vida. No es necesario decir que eso no es posible, por lo que es completamente irracional.

Sé que puede sonar morboso y que quizás te haga sentir incómodo, pero, de hecho, he empezado a usar una aplicación llamada Final Countdown (Cuenta Atrás Final) que hace una cuenta atrás de los días[5] (y los años, meses, semanas, etc.) antes de la fecha estimada de mi muerte, y he instado a mis amigos a hacer lo mismo Sí, comprendo que esta aplicación resulte inquietante, pero el recordatorio de la muerte proporciona un muy necesario apremio a la vida.

Viendo cuántas semanas me quedan, me obliga a pensar, por ejemplo, cuántos (muchos o pocos) fines de semana me quedan. Ver el número de años me recuerda que sólo me queda un número finito de Navidades (o veranos u otoños) que disfrutar. Y esos recordatorios provocativos han modificado mis pensamientos y las cosas que hago, como por ejemplo las personas a las que busco y la frecuencia con la que les digo que las quiero. La aplicación Final Countdown me hace un mejor rival contra el instinto de poner el piloto automático, que me haría actuar como si la muerte no existiese. Por supuesto, la muerte existe. De hecho, tal y como explico en un capítulo posterior, todos experimentamos mil muertes antes de nuestro fallecimiento final, y la aplicación Final Countdown es una herramienta que puede ayudarnos a vivir una vida más consciente de esa realidad.

Lo que estoy diciendo es que morir con cero no tiene sólo que ver con el dinero, sino también con el tiempo. Empieza a pensar más en cómo usar tu tiempo limitado y tu energía vital, y estarás en el buen camino para vivir la vida más plena posible.

Recomendación

Si te preocupa que algún día te quedes sin dinero antes de morir, pasa algo de tiempo estudiando las anualidades como posible solución.

---

5. «Final Countdown Timer», v. 1.8.2 (ThangBom LLC, 2013), iOS 11.0 o posterior, https://itunes.apple.com/us/app/final-countdowntimer/id916374469?mt=8
   La aplicación no está diseñada específicamente para hacer la cuenta atrás de la fecha prevista de tu muerte: puedes introducir varias fechas distintas (fechas de entrega, aniversarios y cualquier cosa que quieras) y ver cómo el temporizador hace la cuenta atrás de todas ellas.

5

¿QUÉ PASA CON LOS HIJOS?

Norma número 5:

Dales dinero a tus hijos o a las asociaciones benéficas cuando mayor impacto tenga

Cada vez que hablo acerca del morir con cero, obtengo alguna versión de la misma pregunta: ¿qué pasa con los hijos? Esta pregunta siempre surge independientemente de con quien hable.

Un par de variaciones de esta pregunta incluso tienen un tono moralizante y abnegado. De hecho, algunas personas me han dicho: «Bueno, eso es algo que diría alguien que no tiene hijos». E incluso sabiendo que tengo hijos (dos hijas), otras siguen insinuando que morir con cero es el máximo acto de egoísmo. Independientemente de cómo lo expongan, lo que la mayoría de la gente que menciona a los hijos quiere decir es: planificar morir con cero puede que sea bueno para alguien que sólo piensa en sí mismo, pero ¿no deberías preocuparte también del bienestar de tus hijos? Porque si te preocupases por alguien aparte de ti mismo, no morirías con cero. Te asegurarías de que dejas dinero para tus hijos. Esto es lo que insinúan: si morir con cero es una filosofía sólo para bastardos egoístas, seguramente no pueda ser la filosofía adecuada para las personas decentes y que se preocupan, como ellas.

Ésa es la actitud santurrona que le oigo a tanta gente, y no tengo paciencia para ello, porque es muy hipócrita. Con demasiada frecuencia, las personas que hacen comentarios sobre los hijos para argumentar en contra del morir con cero no están, realmente, poniendo a sus hijos en primer lugar, sino que en lugar de ello están tratando a sus hijos como una ocurrencia tardía. ¿Por qué digo esto? Déjame ponerte un ejemplo de una conversación típica con mis amigos más íntimos.

Cuando uno de ellos hace la inevitable pregunta («¿Qué pasa con los hijos?»), primero le explico que el dinero que le estás dejando a tus hijos no es tu dinero. Por lo tanto, cuando digo que deberías morir con cero, no estoy diciendo que deberías gastarte todo el dinero para tus hijos por el camino, sino que te gastes todo tu dinero.

Es decir: dales a tus hijos la cantidad que tuvieras destinada para ellos antes de que fallezcas. ¿Por qué esperar?

Recuerda que se trata de conversaciones que mantengo con mis amigos más íntimos, y que siempre nos sacamos los trapos sucios, por lo que les digo directamente: «¡Estás lleno de puñetas! ¿Dónde está el fideicomiso para tus hijos? ¿En qué cantidad está fijado? ¿Cuándo va a distribuirse? ¿Has pensado alguna vez en estas cosas o tan sólo repites como un loro lo que has oído en radio macuto?».

¿Me entiendes? Si realmente estás poniendo a tus hijos en primer lugar, tal y como dices, no esperes hasta estar muerto para mostrar tu generosidad. (Me gusta decir que los muertos no pueden regalar dinero: no pueden hacer nada). Poner a tus hijos en primer lugar significa darles mucho antes, y diseñar un plan deliberado para asegurarte de que lo que guardas para tus hijos les llegue cuando tenga el mayor impacto en ellos. Un plan real para morir con cero incluye a tus hijos, si es que los tienes. De esa forma, ya habrás separado su dinero (que se convertirá en intocable para ti) del tuyo, que es el que debes gastar hasta llegar a cero. Ésa es mi respuesta corta a la pregunta sobre los hijos. El resto de este capítulo proporciona la versión completa.

Muriéndote por regalar el dinero: El problema de las herencias

Cuando la gente cría a sus hijos, dice que cualquiera que esté planeando morir con cero no dejará un legado: los hijos no obtendrán una herencia, y qué terrible resultado es ése para ellos. La locura es que suele tratarse de la misma gente que dice que deberías ahorrar tanto como puedas para tu jubilación porque no sabes cuándo morirás. Pues, si no sabes cuando morirás y te preocupan tanto tus hijos, ¿por qué quieres esperar hasta esa fecha aleatoria para que tu descendencia obtenga lo que quieres que tenga? De hecho, ¿qué te hace tener la seguridad de que todos tus hijos siquiera estarán vivos para cuando fallezcas?

Éste es el problema con las herencias: estás dejando demasiado a la suerte. Recuerda que la vida puede ser muy veleidosa. Con independencia de la cantidad que les legues, hace falta mucha suerte para que llegue exactamente cuando tus herederos más necesiten el dinero. Es mucho más probable que llegue demasiado tarde como para que tenga el mayor impacto sobre la calidad de vida del receptor.

¿Cuál dirías que es la edad más común a la que la gente obtiene una herencia? Quienes trabajan en la Junta de la Reserva Federal de Estados Unidos monitorizan estos asuntos, y esto es lo que han averiguado: para cualquier grupo de ingresos en el que te fijes, la edad de «recepción de la herencia» alcanza su pico alrededor de los 60 años.[1] En otras palabras, si estabas apostando sobre la edad de alguien cuando herede dinero (asumiendo que no sepas nada más excepto que esperan una herencia), tu mejor apuesta son los 60 años. (Ése es un resultado natural del hecho de que la esperanza de vida más común es de 80 años y que la diferencia de edad más común entre padres e hijos es de 20 años, señala el informe).

Por supuesto, hay una distribución alrededor de ese pico de los 60 años: muchos obtendrán una herencia antes de esa edad, y muchos, más tarde. En general, los datos tienen una distribución más o menos normal (con forma de campana). Por lo tanto, por cada 100 personas que hereden alrededor de los 40 años (20 años antes de la edad del pico de la recepción de herencias), hay 100 personas que heredarán alrededor de los 80 años. Es cierto que algunas personas puede que obtengan herencias de alguien que no sea su progenitor (cuanto mayores sean los receptores, más probable es que se dé ese caso). Pero eso no

---

1. Feiveson, L. y Sabelhaus, J.: «How Does Intergenerational Wealth Transmission Affect Wealth Concentration?», FEDS *Notes, Board of Governors of the Federal Reserve System,* 1 de junio, 2018, doi:10.17016/2380-7172.2209. www.federalreserve.gov/econres/notes/feds-notes/how-does-intergenerational-wealth-transmission-affect-wealth-concentration-20180601.htm

importa: tanto si la gente obtiene herencias de sus progenitores como de alguna otra persona, los datos muestran que mucha gente obtiene herencias a una edad avanzada, y esto es subóptimo.

La conclusión de todo ello es que, si esperas hasta morir para que tus hijos hereden tu dinero, estarás dejando el resultado a la suerte. Yo lo llamo *las tres «A»*: dar cantidades *aleatorias* de dinero en un momento *aleatorio* a personas *aleatorias* (porque, ¿quién sabe cuáles de tus herederos seguirán vivos cuando fallezcas?). ¿Cómo puede tener empatía la aleatoriedad? Es lo opuesto a la empatía: Que te parezca bien dejar todos estos resultados al azar significa que, evidentemente, no te importa si pasas años de tu vida trabajando para futura gente aleatoria, y quiere decir que quizás no te preocupe cuánto obtendrá las personas más cercanas a ti o cuándo lo conseguirán. De hecho, dejando todas estas cosas al azar, incluso haces aumentar las probabilidades de que independientemente de que lo que tengas para dar, llegue demasiado tarde para hacer mucho bien en la vida de tus hijos.

Probabilidad de recibir una herencia por grupo de ingresos

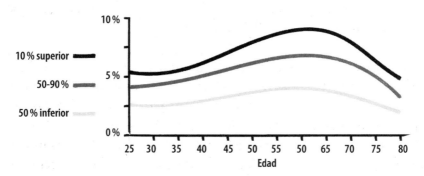

Para todos los grupos de ingresos, la mayor probabilidad de recibir una herencia es alrededor de los 60 años (2013-2016).

Mi colega Marina Krakovsky, que me ha ayudado en la investigación y la redacción de este libro, leyó un artículo sobre una mujer que se encontraba en graves dificultades económicas, pese a que su madre disponía de abundantes recursos económicos.[2] Marina dio con la mujer y esto es lo que averiguó:

> Durante muchos años después de su divorcio, Virginia Colin estuvo pasando penurias económicas.[3] Apenas recibía la pensión alimenticia de su exmarido y había criado a sus cuatro hijos ella sola, «al borde de la pobreza», tal y como explica. Al final volvió a casarse, pudo aguantar en un empleo a jornada parcial decente y alcanzó la estabilidad económica. Más adelante, cuando tenía 49 años, su madre falleció con 66, dejándole a Virginia una gran herencia. Virginia tiene 5 hermanos, y cada uno de ellos recibió 130 000 dólares. «Creo que los 650 000 dólares eran la cantidad máxima que podías obtener de la herencia de una persona sin incurrir en algún tipo de impuesto estatal», apunta Virginia, sugiriendo que sus padres probablemente habían acumulado más riqueza que la cantidad total legada a ella y sus hermanos.
>
> Los 130 000 dólares caídos del cielo fueron recibidos con los brazos abiertos. No hay ninguna duda al respecto. «Pero habrían resultado más valiosos mucho antes», dice Virginia, que tiene ahora 68 años. «Ya no me encontraba al borde de la pobreza: no éramos ricos, pero en esa época llevábamos una vida cómoda de clase media». El dinero era ahora más bien como una agradable prima, y no la cuerda salvavidas que habría sido una o dos décadas antes.

Qué situación más triste. Aquí había alguien que, durante muchos años, apenas había tenido para comer ella y sus hijos, mientras sus progenitores tenían mucho dinero, pero, al igual que tantas personas en nuestra cultura, querían esperar hasta morir para dárselo.

Los padres de Virginia ya no viven, por lo que sólo podemos intuir lo que habrían dicho si me hubieran oído hablar de morir con cero. Si eran como la mayoría de la gente con la que he hablado, hay muchas probabilidades de que dijesen: «¿Pero ¿qué pasa con los hijos?».

---

2. KANE, L.: «Should You Give Your Kids Their Inheritance Before You Die?», *The Week*, 21 de agosto, 2013, https://theweek.com/articles/460943/should-give-kids-inheritance-before-die

3. COLIN, V.: Entrevista por Marina Krakovsky, 7 de enero, 2019.

Predica con el ejemplo

Sé que puede que suene duro cuando hablo de este tema. Mi objetivo no es ir por ahí llamando a toda la gente hipócrita. La mayoría de las personas tienen buenas intenciones para sí misma y sus hijos, y si son hipócritas es sólo por accidente, porque no logran actuar de acuerdo con esas buenas intenciones. Eso es lo que pasa cada vez que dices una cosa, pero haces algo distinto, sea la desconexión deliberada o no. Por ejemplo, en lo más profundo de tu corazón quieres disfrutar de tu tiempo de ocio, pero desaprovechas una buena parte de él comprobando tu email del trabajo; o dices que quieres proporcionar seguridad económica a tus hijos, pero al final dejas al azar si tus hijos obtendrán algo de ti y cuánto.

Por otro lado, el camino del morir con cero te asegura que cumplas con tus buenas intenciones. Es un enfoque mucho más reflexivo en ambos sentidos de la palabra: muestra, al mismo tiempo, seriedad *y* preocupación. Cuando se trata de los hijos, el morir con cero muestra consideración haciendo que pongas a tus hijos en primer lugar, cosa que haces al pensar deliberadamente acerca de cuánto darles y luego haciéndolo antes de fallecer.

Esto es radicalmente distinto a cómo mucha, por no decir la mayoría, de la gente en Estados Unidos aborda la cuestión de dar dinero a sus hijos. Sí, algunas personas transfieren dinero a sus hijos en lugar de esperar hasta su propia muerte, pero estas transferencias *in vivo* (entre los vivos) o en vida, tal y como las llaman los economistas, suponen una gran minoría de las transferencias de riqueza. La inmensa mayoría (el 80 %, dependiendo del año) de los hogares que recibieron algún tipo de transferencia de riqueza entre los años 1989 y 2007 recibieron una herencia.[4] (Preferiría que el porcentaje fuese de cero, pero siendo realista sería feliz si fuese del 20 %, ya que mucha gente muere pronto). Y no queda del todo claro si los benefactores tenían intención

---

4. WOLFF, E. N. y GITTLEMAN, M.: «Inheritances and the Distribution of Wealth or Whatever Happened to the Great Inheritance Boom?», *Journal of Economic Inequality*, vol. 2, n.º 4 (diciembre, 2014), pp. 439-468, doi:10.1007/s10888-013-9261-8.

de dejar tanto dinero a sus herederos. Los economistas que estudian datos sobre legados dicen que, cuando la gente deja dinero a sus hijos y nietos, sus motivos parecen ser una mezcla de algo intencionado e inintencionado. La parte intencionada es que das porque quieres que tus hijos dispongan de una cierta cantidad de dinero. La parte inintencionada es un subproducto aleatorio del ahorro preventivo: alguien estaba ahorrando dinero para unos gastos médicos inesperados, por ejemplo, pero fallece sin gastarse esos ahorros, y los hijos obtienen esas sobras económicas. Y cuando los economistas se fijan en los datos de los legados actuales, es difícil decir si una herencia concreta fue intencionada o no.[5] Eso se debe a que, al final, ambos tipos de legados parecen iguales. Todo lo que sabes es que la persona viva obtuvo una cierta cantidad de dinero de la herencia de una persona fallecida.

No es sólo que los economistas y los receptores no puedan decir qué es intencionado: lo que me preocupa es que los propios donantes no tienen realmente claro esto. Digo esto porque si tienes claras tus intenciones, no confundirás los regalos intencionados con los inintencionados (ahorros sobrantes) en un legado. En lugar de ello, averiguarás cuánto quieres dar, y lo darás bastante antes de morir. ¿Quieres que tu hija reciba 50 000 dólares de tu riqueza o sólo 20 000? Independientemente de cuál sea la cantidad, si tienes la intención de dárselo, te animo a que actúes obedeciendo a tus intenciones positivas dándole realmente esa cantidad. Sé intencionado con tus hijos del mismo modo en que te apremio a que seas reflexivo. Predica con el ejemplo.

Los enemigos del pensamiento racional: El piloto automático y el miedo

¿Por qué no hay más gente que actúe de forma deliberada cuando se trata de sus hijos y los regalos económicos? Una razón es el piloto automático, que es la antítesis de la acción deliberada. El piloto automático es fácil, y eso es lo que hace la mayor parte de la gente de tu entorno.

---

5. KRAKOVSKY, M.: «The Inheritance Enigma», *Knowable Magazine,* 12 de febrero, 2019, www.knowablemagazine.org/article/society/2019/inheritance-enigma

Por lo tanto, cuando miras a tu alrededor y haces lo que hacen todos los demás, estarás navegando con el piloto automático puesto, igual que el resto de la gente. De hecho, puede que ni siquiera te des cuenta de que lo estás haciendo. La triste realidad es que mucha gente no es tan reflexiva como podría ser con su propia vida, por lo que tampoco es tan intencionada como podría serlo con sus hijos.

Pero incluso aunque hayas dejado de pensar de verdad en lo que quieres para tus hijos y tengas la mejor de las intenciones, debes superar otra fuerza poderosa que va en contra del pensamiento racional y la acción deliberada: el miedo.

Esto es exactamente lo que evitó que los padres de Virginia Colin compartieran su riqueza cuando ella se encontraba al borde de la pobreza. «Mi padre creció siendo hijo de un emigrante alemán durante la Gran Depresión», explicaba Virginia, «y tenía miedo de no tener suficiente dinero, incluso aunque tenían más que suficiente. ¿Qué sucedería si surgía un problema médico y caro?».

Resultó que el padre de Virginia vivió hasta los noventa y tantos años (sobrevivió a la madre de Virginia) pero, aunque padeció algunos problemas de salud graves, el seguro médico privado y el programa gubernamental de asistencia médica a personas mayores (Medicare) cubrió la mayor parte de los costes.

Sé que eso es fácil de decir ahora. Puede que tan sólo tuviese suerte. ¿Qué hubiera sucedido si hubiese padecido una enfermedad muy costosa, como el alzhéimer, que suele requerir de numerosos cuidados a largo plazo? ¿No habría necesitado sus ahorros para eso? Tal y como se ha apuntado anteriormente, si ésa es la principal razón por la cual te sientes obligado a seguir ahorrando más y más, recuerda que puedes adquirir una póliza de asistencia sanitaria a largo plazo, que cuesta menos que autoasegurarte ahorrando enormes cantidades de dinero para una crisis que puede que nunca llegue, igual que sucede con cualquier otro tipo de seguro.

En cualquier caso, Virginia aprendió de la experiencia de sus progenitores: no esperes hasta estar muerto para dar tu dinero. Con sus cinco hijos e hijastros, cuyas edades oscilan entre los 29 y los 43 años, su marido y ella insisten en darles dinero mejor antes que más tarde, dependiendo de sus necesidades. «Si obtienes [el dinero] a los 30 años», señala acertadamente, «puedes comprarte una casa bonita y criar a tus hijos en el entorno que quieras educarles y no tener que pasar dificultades como me sucedió a mí».

La elección del momento oportuno lo es todo

Tal y como ilustra la historia de Virginia, la elección del momento oportuno es la clave. Ya hemos determinado que esperar hasta que mueras no es óptimo, así que ¿cuál es el momento óptimo para darle dinero a tus hijos?

Ciertamente es más fácil decir qué es subóptimo. La mayoría de la gente que posee activos que dar a sus hijos no se los daría a un niño de 12 años o incluso a un muchacho de 16 años. Es bastante obvio que los niños y la mayoría de los adolescentes son demasiado jóvenes para manejar la riqueza.

Pero, por supuesto, eso no equivale a «cuanto más tarde mejor». No quiero decir que haya una edad a la que sea demasiado tarde darles dinero a tus hijos (más vale tarde que nunca), pero a los 60 años es peor que a los 50, y a los 50 es peor que a los 40. ¿Por qué? Porque la capacidad de alguien de obtener verdadero disfrute del regalo se reduce con su edad. Esto sucede por la misma razón que tu propia capacidad para transformar el dinero en experiencias placenteras disminuye después de superar una cierta edad, y en el caso de numerosas actividades necesitas un cierto nivel mínimo de un buen estado mental y físico para poder disfrutarlas.

Por lo tanto, y por ejemplo, si la *utilidad máxima del dinero* (el momento en el cual puede aportar una utilidad o disfrute óptimos) se da a los 30 años, entonces, a esa edad cada dólar te compra un dólar de disfrute. A los 50 años, la utilidad del dinero se ha reducido considerablemente. Obtendrías mucho menor disfrute a partir de ese mismo dólar o necesitarías más dinero (digamos un dólar y medio) para obtener la misma cantidad de placer que el que conseguiste cuando eras un joven de 30 años lleno de salud y vitalidad. Por la misma razón, a medida que tus hijos crecen, cada dólar que les des no llegará tan lejos, y en algún momento ese dinero les resultará prácticamente inútil.

Ahora fijémonos en un ejemplo más concreto. Supón que haces caso omiso a mi consejo sobre darles dinero a tus hijos antes de fallecer y que quieres seguir el camino más tradicional de dejarles algo de dinero después de morir. Ahora asume que tu esperanza de vida es de 86 años y que tu primogénito tiene 28 años menos que tú (por lo que tendrá 58 años cuando fallezcas y herede). En ese momento ha superado por mucho su momento óptimo o cima para sacarle placer a ese dinero. Yo no sé la edad exacta de esta cima, pero basándome en lo que mis conocimientos sobre la fisiología humana y el crecimiento mental, la edad de 26-35 años parece correcta, y a los 58 años se ha sobrepasado ese momento óptimo.

De hecho, realicé una encuesta informal en Twitter hace poco en la que le preguntaba cuál era su edad ideal para recibir una herencia caída del cielo y la mayoría coincidió. De las más de 3 500 personas que votaron esta pregunta, muy pocos (sólo el 6%) dijo que la edad ideal para heredar dinero era a los 46 o más años. Otro 26% votó por las edades de 36-45 años, mientras que sólo un 12% dijo que los 18-25 años. El claro ganador, con más de la mitad de los votos, fue el rango de edad de 26-35 años. ¿Por qué? Algunas personas mencionaron el valor temporal del dinero y el poder del interés compuesto, sugiriendo que mejor cuanto antes obtuvieses el dinero. Por otro lado, un grupo de personas señalaron el problema de la inmadurez si se conseguía el dinero demasiado joven. Y a esas dos preocupaciones añadiría el elemento de la salud: siempre obtienes más valor del dinero antes de que, inevitablemente, tu salud empeore. En resumidas cuentas, el rango de edad de 26-35 años combina lo mejor de ambas consideraciones: se es lo suficientemente mayor como para ser alguien responsable con el dinero, pero lo suficientemente joven para disfrutar de sus beneficios.

Lo que estoy sugiriendo es el marcado contraste entre lo que la gente dice que quiere… y lo que los datos sobre las herencias en Estados Unidos muestran acerca de lo que la mayoría de las personas obtienen en la realidad. No siempre puedes conseguir lo que deseas, pero te estoy hablando como donador potencial. Si dispones de los medios para dar dinero a tus hijos, entonces tienes el poder de controlar cuándo lo reciben. ¡Por lo tanto, no pierdas esa oportunidad! Independientemente de la cantidad que dones a tus herederos pasada su edad óptima para recibirla, ésta tendrá menos valor para ellos. Si intentas maximizar el impacto del dinero que des (en lugar de maximizar la cantidad absoluta de dinero que les des), entonces deberías darles el dinero lo más cerca que puedas de su momento óptimo.

Quizás discrepes conmigo sobre la edad adecuada a la que empezar a entregar activos a tus hijos; pero, aun así, debes reconocer el valor decreciente para tus descendientes con respecto al tiempo. Simplemente llévalo al extremo: el caso de que dejes dinero después de una muy larga vida. ¿Tiene sentido esperar y dejarle dinero a alguien de 76 años? No, la mayoría de la gente diría que ésa es una edad muy avanzada. (La madre de mi amigo Baird tiene 76 años y sabe que no puede gastarse su dinero antes de morir: el último viaje que hizo duró cinco días, y fue dos días demasiado largo, dice. Como su dinero tiene una utilidad limitada para ella, ha e intentado dárselo a Baird, que tiene 50 años, ¡pero llegado este punto, Baird en realidad ya no necesita el dinero!).

A la optimización no le importa si estamos hablando de padres o de hijos: a todos les aplican los mismos valores, como el valor decreciente del dinero. Si tu objetivo consiste en maximizar lo que obtienes de tu vida, tiene sentido que también quieras maximizar lo que tus hijos obtienen de su vida. Por lo tanto, si quieres sacarles todo el jugo a los regalos a tus hijos, debes pensar en la edad de cada receptor. Aplicando esta línea de pensamiento estarás tomando dinero que no es productivo en términos de disfrute de la vida y convirtiéndolo en dinero que es de la máxima utilidad.

Esto es lo que estoy intentando hacer con mis propios hijos. Para mis hijas, que todavía no han cumplido los 25 años, he provisto de fondos un plan de ahorros para sus estudios (un plan 529 en Estados Unidos) y he creado un fideicomiso. Eso sí, el dinero del fideicomiso es su dinero, no mío, y hago aportaciones en él según considero conveniente, hasta el máximo que estoy dispuesto a dar. Mi hijastro es mayor (29 años), por lo que ya ha recibido el 90 % de su «herencia» en forma de dinero que usó para comprarse una casa. (Por cierto, repartir tus donaciones de esta manera está perfectamente bien, ¡pero estoy seguro de que no voy a esperar hasta que tenga 65 años para darle el resto!).

He hecho testamento, pero es sólo para traspasar lo que poseo en caso de que fallezca inesperadamente. Hace un rato me he dado cuenta de que tenía dinero en mi testamento para familiares que son mayores que yo: mi madre, mi hermana y mi hermano. Eso me hizo pensar: «¿Qué hay del ahora? ¿Quiero dar algo ahora, cuando pueden disfrutar más de esos regalos que más adelante?». Mi respuesta fue afirmativa, así que les di una cantidad.

En pocas palabras, si entrego mi dinero a mis hijos y a otras personas en una época en la que puede tener un mayor impacto en su vida estoy haciendo que sea su dinero, y no el mío. Ésa es una distinción clara, y la encuentro liberadora: me libra de gastar al límite en mí mismo. Si quiero gastar como un loco, puedo hacerlo sin preocuparme del efecto que eso tendrá sobre mis hijos. Ellos tienen su dinero para gastarlo como deseen y yo tengo el mío.

Tu verdadero legado no es el dinero

He dedicado buena parte de este capítulo a hablar de dar dinero a tus hijos, pero eso sólo es porque el dinero es de lo que la mayoría de la gente habla cuando pregunta: «¿Qué pasa con los hijos?». No obstante, recuerda que el dinero sólo es un medio para un fin: una forma de comprar las experiencias importantes que constituyen tu vida. Tal y como he explicado en el capítulo 2, asumo que tu objetivo en la vida no es maximizar tus ingresos y tu riqueza, sino maximizar la satisfacción en tu vida, lo que procede de las experiencias y tus recuerdos duraderos de ellas. Igual que intentas maximizar tu propia realización, también intentas maximizar la realización de tus hijos.

Sucede lo mismo con los recuerdos: igual que intentas crear recuerdos de los momentos con tus hijos, tiene sentido que quieras que tus hijos creen recuerdos de ti. Ambos conjuntos de recuerdos producirán un dividendo en forma de recuerdos: un flujo de dividendos para ti y otro para tus hijos. Por lo tanto, ¿cómo quieres que te recuerden tus hijos? Ésa es otra forma de preguntar: ¿qué tipo de experiencias quieres que vivan contigo?

Eso es algo importante en lo que pensar antes de que sea demasiado tarde. Míralo desde el punto de vista del niño privado de experiencias con su progenitor. Un amigo mío recibió una enorme fortuna de su padre, con el que apenas tuvo relación mientras crecía, porque el padre siempre estaba buscando transacciones para hacer aumentar su fortuna. Por lo tanto, a pesar de la inmensa riqueza de la familia, mi amigo vivió una niñez bastante triste. Era el clásico pobre niño rico. Los años de abandono emocional causaron unos estragos duraderos en la relación entre padre e hijo. Cuando, finalmente, los dos dispusieron de tiempo para pasar juntos, se encontraron con que tenían problemas para disfrutar de su compañía mutua. No había forma de compensar todo ese tiempo y atenciones perdidos. Ahora, cuando mi amigo piensa en el legado de su padre, la riqueza material es una de las pocas cosas que recuerda con algún sentido de gratitud.

Es como la canción «Cat's in the cradle». La letra es descorazonadora: el hombre que narra la historia se perdió toda la niñez de su hijo, porque siempre había «aviones que coger y facturas que pagar».

Mucha gente cita la canción «Cat's in the cradle» porque es muy emotiva y tiene visos de realidad para muchos que la escuchan. A mí también me encanta esa canción, con su mensaje de que no puedes retrasar las experiencias con tus hijos indefinidamente, pero su mensaje es incompleto. Sí, muchos de nosotros estamos demasiado ocupados persiguiendo esto, eso o aquello por el bien de nuestros beneficios futuros, sin darnos cuenta de que el momento de vivir experiencias importantes con nuestros hijos es ahora. Pero es demasiado simplista dejarlo ahí, porque existe un límite para los beneficios de pasar tiempo adicional con tus hijos. No puedes demorarlo todo, pero sí retrasar algunas cosas.

Creo firmemente que el verdadero legado para tus hijos consiste en las experiencias compartidas con ellos, especialmente cuando están creciendo: las lecciones y otros recuerdos que les has dejado. Pero no lo quiero decir de un modo sensiblero y repetir el tópico de que las mejores cosas en la vida son gratis. De hecho, las mejores cosas en la vida no son gratis, porque todo lo que haces resta de alguna otra cosa que podrías estar haciendo. Pasar tiempo con tu familia suele significar no pasar tiempo ganando dinero, y viceversa. En lugar de ello, hay formas de pensar en las experiencias de una forma más cuantitativa que te ayudarán a tomar mejores decisiones sobre a qué dedicar tu tiempo.

Pero, antes de llegar a eso, permíteme que deje clara mi idea: de todas las experiencias que intentas transmitirle a tu hijo, una de esas experiencias es el tiempo que pasa contigo.

Ese tiempo es crucial, porque los recuerdos que tus hijos guardan de ti tienen efectos duraderos, para bien o para mal. Los científicos ya hace algún tiempo que saben que los adultos jóvenes que de niños recibieron más afecto de sus progenitores disfrutan de unas mejores relaciones en general y también sufren unos menores índices de abuso de sustancias y depresión. Sabemos, asimismo, que los efectos positivos de unos progenitores cariñosos y atentos se prolongan mucho más allá de la edad adulta gracias a un estudio realizado con más de 7 000 adultos maduros. Los investigadores hicieron a estos adultos un conjunto de preguntas sobre los recuerdos de su padre y su madre: preguntas como: «¿Cuánto tiempo y atención te proporcionaron tu padre/madre cuando lo necesitaste?», «¿Cuánto te enseñaron él/ella sobre la vida?» y «¿Cómo valorarías tu relación con tu padre/madre durante los años en los que crecías?».

Obviamente, cuanto mayor era la valoración de una persona en preguntas como éstas, más positivos eran sus recuerdos de la niñez sobre ese progenitor. Así pues, ¿qué averiguaron los investigadores? Correlacionando estas valoraciones con las respuestas a preguntas sobre resultados concretos, pudieron llegar a la conclusión de que los adultos que tenían recuerdos de un mayor afecto por parte de sus progenitores tuvieron una mejor salud y menores niveles de depresión.[6] Puede que la palabra «experiencia» no evoque imágenes de un niño al que le están enseñando cosas sobre la vida o al que le dediquen tiempo y atención, pero todas ellas también son experiencias, son indispensables y a veces dan frutos de formas sorprendentes. No conozco a nadie que no haya querido disfrutar de ese tipo de experiencia y ese tipo de dividendo en forma de recuerdos para sus hijos.

Así pues, ¿cómo cuantificas estas cosas? ¿Cuál es el valor de un recuerdo positivo? Puede que tu primer instinto sea decir que es impo-

---

6. Chopik, W. J. y Edelstein, R. S. (2019): «Retrospective Memories of Parental Care and Health from Mid- to Late Life», *Health Psychology*, vol. 38, pp. 84-93, doi:10.1037/hea0000694.

sible determinarlo, o que las memorias no tienen precio. Pero permíteme que lo exponga de otra forma: ¿cuál es el valor que le das a pasar un fin de semana en una cabaña al lado de un lago?, ¿o visitar un día a un familiar querido? Puede que el precio sea extremadamente alto o bastante bajo, pero el hecho de que puedas proponer un precio aproximado dice que el valor de una experiencia puede cuantificarse (de hecho, puede que recuerdes hacer eso con los «puntos de experiencias» de un capítulo anterior).

Estoy dando gran importancia a la cuantificación del valor de las experiencias con tus hijos porque hacerlo te obliga a tomarte una pausa y a pensar en lo que es realmente mejor para ellos. A veces es ganar más dinero, y a veces, es pasar más tiempo juntos. Hay mucha gente que se dice a sí misma que está trabajando para sus hijos: asumen, ciegamente, que ganar más dinero beneficiará a sus retoños; pero hasta que dejes de pensar en las cifras no podrás saber si sacrificar tu tiempo para ganar más dinero dará como resultado un beneficio neto para tus hijos.

¿Qué puede decirte el pensar en las cifras? Pongamos un ejemplo extremo. Digamos que vives en plena naturaleza y que debes ir a trabajar para talar árboles para construir un refugio básico para tu familia. Cuanto tienes que trabajar sólo para permitir que tu familia sobreviva, por supuesto que tiene sentido trabajar en lugar de pasar tiempo con ella, pero una vez que superes el punto de trabajar sólo para cubrir las necesidades básicas y evitar las experiencias negativas, puedes empezar a cambiar tu trabajo por experiencias vitales positivas. En lo que concierne a tus hijos, puedes trabajar para ganar más dinero y comprarles experiencias o emplear tu tiempo libre extra para proporcionarles la experiencia de pasar tiempo contigo.

En el otro extremo, tenemos al milmillonario que trabaja durante muchísimas horas y viaja tanto debido a su empleo que no pasa nada de tiempo con sus hijos. Si ya eres milmillonario, sería apostar sobre seguro asumir que a tus hijos les iría mejor si por lo menos pasases algo más de tiempo con ellos, pese a que sea en detrimento de tu trayectoria profesional. El coste económico para ésta será pequeño, pero el beneficio para tu hijo, inmenso. Por lo tanto, se trata de un beneficio neto para la familia, incluyéndote a ti.

El valor del tiempo que pasas con tus hijos es como el valor del agua: si tienes 200 litros de agua, no pagarías ni un céntimo por un litro más, pero si te estuvieses muriendo de sed en el desierto, estarías dispuesto a cortarte un brazo para conseguir, aunque sólo fuera, ese litro de agua.

La mayoría de nosotros nos encontramos en algún lugar de ambos extremos. No estamos trabajando todo del tiempo sólo para sobrevivir ni abandonamos a nuestros hijos por completo. Debido a ello nos enfrentamos a una difícil solución intermedia entre el tiempo y el dinero; pero el razonamiento debería ser el mismo que en el caso de los extremos, incluso aunque la respuesta no sea obvia. ¿Vale la pena para ti y tus hijos cada hora de trabajo que lleves a cabo? ¿Suma algo tu trabajo a tu legado o sirve, de hecho, para mermarlo?

El empleo de los progenitores es una moneda de dos caras para los hijos de familias de todos los niveles de ingresos. Cuando los padres se van al trabajo, los ingresos que obtienen pueden mejorar la vida de sus hijos de muchas formas, pero tal y como señala la economista Carolyn Heinrich, el trabajo (especialmente los turnos largos y los nocturnos) pueden restar tiempo al asentamiento de vínculos entre los padres y sus hijos y puede generar verdadero estrés en la vida de los vástagos. Además, los progenitores con unos ingresos bajos es más probable que tengan empleos estresantes y con turnos largos.[7] Pero, por supuesto, la mayoría de la gente tiene que trabajar para proporcionar sustento a su familia, y el equilibrio óptimo entre el trabajo y pasar tiempo con tus hijos no siempre es fácil de conseguir.

El momento en el que os encontréis tú y tus hijos en vuestras vidas también importa. Al igual que no puedes seguir retrasando los viajes para ir a esquiar porque hay un nivel mínimo de salud básica necesaria para practicar este deporte, no puedes seguir demorando pasar ratos con tu hijo de 6 años, porque al final tu retoño dejará de tener 6-7 añoso dejará de ser un niño. El hecho de que esas oportunidades desaparezcan gradualmente debería provocar que reevalúes a cuánto dinero estarías dispuesto a renunciar por disfrutar de esas experiencias.

---

7. HEINRICH, C. J. (2014): «Parents' Employment and Children's Wellbeing», *Future of Children*, vol. 24, pp. 121-146, www.jstor.org/stable/23723386

Ahora, considéralo desde el punto de vista de tus hijos, porque lo que estamos intentando maximizar aquí es su realización personal. ¿Qué valor crees que tiene para tu hijo el hecho de que pases más ratos con él? ¿O de que estés en casa cuando regrese de la escuela? ¿O de que asistas a su partido de fútbol o a su recital de música? Soy muy consciente de que tus hijos, especialmente cuando son muy pequeños, quizás no valoren estas experiencias cuando estén disfrutando de ellas. Si le preguntara a mi hija mayor cuánto valora que fuese a uno de sus partidos, tal vez ni siquiera sepa de qué estoy hablando. Pero esas experiencias compartidas tienen un valor, especialmente en retrospectiva. Recuerda: el objetivo del dinero es vivir experiencias, y para tus hijos una de esas experiencias es pasar tiempo contigo. Por lo tanto, si estás ganando dinero, pero no estás viviendo experiencias con tus hijos, estarás privando a tus retoños de ellas y también a ti.

Si piensas detenidamente en las implicaciones de decir que tu legado consiste en vivir experiencias con tus hijos, la conclusión a la que llegarás podría ser un tanto radical. Es decir, una vez que dispongas de suficiente dinero para satisfacer las necesidades básicas de tu familia, entonces, yendo a trabajar para ganar más dinero quizás estés mermando la herencia de tus hijos porque pasarás menos tiempo con ellos, y cuanto más rico ya seas, más probable es que suceda esto.

La beneficencia no puede esperar

¡¿Sabes qué?! Casi todo lo que he dicho sobre donar dinero a tus hijos en el momento adecuado también se aplica a las donaciones a asociaciones de beneficencia. Independientemente de si el tiempo o el dinero que estás dando es para tus hijos, para organizaciones benéficas o para ti mismo, la idea es la misma: hay un momento óptimo, que nunca lo será si estás muerto.

Piensa en este titular que encabezó una de las historias del periódico *The New York Times* más enviadas por email en la semana en la que se publicó: «Secretaria de 96 años amasa una fortuna discretamente para luego donar 8,2 millones de dólares». ¡Caramba! El relato explicaba cómo una mujer de Brooklyn llamada Sylvia Bloom consiguió amasar muchísima riqueza con su salario como secretaria judicial. Aunque había estado casada, no tenía hijos y trabajó para el mismo bufete de abogados de Wall Street durante 67 años, vivía en un apartamento de alquiler regulado, cogía el metro para ir al trabajo, incluso siendo nonagenaria, e hizo que sus ahorros crecieran replicando a pequeña escala las inversiones hechas por los abogados para los que trabajaba.

Nadie cercano a la Sra. Bloom tuvo ni idea de su riqueza hasta después de su fallecimiento. Dejó una herencia de 6, 24 millones de dólares a una organización de servicios sociales llamada Henry Street Settlement. Otros 2 millones fueron a parar a la Universidad pública Hunter College y a un fondo de becas. Todos en Henry Street Settlement quedaron sorprendidos. La sobrina de la Sra. Bloom, que era la tesorera de la organización, se quedó especialmente pasmada. Fue la mayor donación procedente de un particular en los 125 años de historia de la organización. El director ejecutivo de la asociación dijo de la donación que era «el paradigma del altruismo».

Pues bien, comprendo su punto de vista: parece altruista donar tanto dinero después de haber vivido con tan poco, y una buena acción es una buena acción, pero con toda honestidad, no considero que las acciones de la Sra. Bloom sean el no va más en altruismo.

No puedes ser generoso una vez muerto

¡Antes de que explique por qué las acciones de la Sra. Bloom no me parecen tan altruistas, permíteme que te comente que no puedo decir si la decisión de alguien es buena o mala, o racional o irracional sin saber qué quiere esa persona. Yo, por ejemplo, podría preferir dar mi tiempo y mi dinero a personas más que a animales, pero si alguien prefiriese trabajar como voluntario en una protectora de animales antes que en un albergue para personas sin hogar, ¿quién soy yo para decir que eso es irracional? Mientras lo que hagan sea coherente con lo que realmente quieren, debo respetar esa decisión, incluso aunque no sea la opción que yo hubiera tomado. Sobre gustos no hay nada escrito.

Por lo tanto, no puedo decir que Sylvia Bloom cometiese un error por trabajar toda su vida y escatimara en gastos para que al final todo ese dinero fuese a parar a manos de otras personas. Sólo podemos suponer si estaba privándose de cosas a propósito para hacer una mayor donación a otros (lo que ciertamente sería algo generoso) o bien tan sólo vivía con el piloto automático puesto, con sus beneficiarios obteniendo lo que sobrara (lo que no sería generoso). ¿Por qué? Pues, porque una vez has fallecido, la transferencia de tus activos se ejecuta legalmente, y lo único que puedes decir al respecto (mediante tu testamento, que obviamente se redactó antes de que murieses) es dónde se transfieren esos activos. Sin embargo, tu dinero se lo llevan, sin importar el qué, ¿así que cómo puede eso ser generoso? Los muertos no pagan impuestos: eso sólo lo hacen los receptores de su legado. Por lo tanto, únicamente puedes ser generoso cuando estás vivo, cuando dispones de opciones reales y de sus consecuencias. Es entonces cuando puedes escoger si dar tu dinero o tu tiempo a una cosa o a otra. Si das con generosidad cuando estás vivo, te consideraré altruista. Si estás muerto, es que no dispones de esa opción. Por lo tanto, por definición, no puedes ser generoso una vez muerto.

Una terrible ineficiencia

Puede que pienses que le estoy buscando los tres pies al gato con respecto al significado del altruismo, la generosidad y la capacidad de elección. A fin de cuentas, la Sra. Bloom se privó de cosas, ahorró e incluyó a esas asociaciones de beneficencia en su testamento, por lo que sus intenciones debían ser generosas, ¿verdad? De acuerdo. Y es posible que también obtuviese mucha alegría ahorrando ese dinero sabiendo que algún día iría a parar a una causa que le importaba: las donaciones caritativas son, siempre, otra forma de disfrutar de una experiencia.

Por lo tanto, ¿cuál es el problema? El problema es una terrible ineficiencia: la gente necesitada cuando ella vivía no se benefició de su generosidad. Tenemos a una persona que tomó la decisión de consumir muy poco de su creciente riqueza y que vivía muy por debajo de sus posibilidades. Decidió seguir cogiendo el metro para ir al trabajo y vivir en un apartamento de alquiler regulado (que, a propósito, podría haber sido usado por una persona más necesitada). Asumamos que estaba ahorrando para que ese dinero se destinara a esas asociaciones de beneficencia. Por lo tanto, ¿por qué no les dio el dinero antes, cuando podría haberlo hecho?

Puede que parte de sus motivos para ahorrar fueran preventivos: tal vez que hubiera pensado que había muchas posibilidades de que necesitara gastar 2 millones de dólares a los 72 años para cuidar de sí misma; o puede que pensara en el dinero que crecía en sus cuentas como algún tipo de marcador, de una medida de lo bien que le iba, en lugar de una forma de tener un impacto en el mundo; o quizás no lo pensó de verdad detenidamente, ya que, a fin de cuentas, las grandes herencias son algo muy arraigado en nuestra sociedad. No lo sé, sólo podemos suponer. Lo que sí que sé es que su retraso fue ineficaz, ya que las organizaciones de beneficencia podrían haber empleado ese dinero antes, favoreciendo a numerosas personas mucho antes.

Piensa, por ejemplo, en la magnífica donación que Robert F. Smith le dio a la promoción del 2019 de la universidad privada Morehouse College, pagando todos sus préstamos estudiantiles. Independientemente de cuáles fueran sus motivos y sin importar la cantidad a la que ascendiese su regalo, la cuestión es que Smith no la incluyó en su testamento: la dio mientras seguía vivito y coleando, así permitió que los graduados de aquella promoción se licenciaran en la universidad libres de deudas.

Sylvia Bloom también hizo donaciones a causas educativas, lo que resulta especialmente interesante para nuestros propósitos, ya que los beneficios de invertir en educación están muy bien documentados. Los beneficios se acumulan no sólo para los estudiantes (que, como resultado de la educación pueden conseguir mejores empleos y disfrutar de una mejor salud), sino también para la sociedad en su conjunto. Las menores tasas de pobreza e índices de criminalidad y violencia son el resultado de la educación.[8] Los economistas también han intentado cuantificar la rentabilidad de la inversión en educación, y han visto que los beneficios de la escolarización a nivel de los

---

8. BEHRMAN, J. R. y STACEY, N. (eds.): *The Social Benefits of Education*. University of Michigan Press, Ann Arbor, 1997, www.jstor.org/stable/10.3998/mpub.15129

estudios secundarios y superiores son de alrededor del 10 % anual.[9] ¿Qué otra inversión puede proporcionar una tasa de rentabilidad tan fiable? Para justificar el aferrarte al dinero e invertirlo en ti mismo en lugar de donarlo a tu organización de beneficencia educativa favorita ahora, deberías saber que puedes ganar más que la tasa de rentabilidad año tras año. Las organizaciones de beneficencia prefieren obtener tu dinero ahora, pero algunas de ellas, especialmente las fundaciones y las organizaciones sin ánimo de lucro financiadas por donaciones, tampoco emplean el dinero que reciben al momento. En lugar de ello intentan hacer crecer sus dotaciones financieras recibiendo más de lo que dan cada año.

Por ejemplo, en 1999 las fundaciones estadounidenses recibieron más de 90 000 millones de dólares, pero distribuyeron menos de 25 000 millones de dólares. Ésa es la razón por la cual un análisis concluye que «los donantes deberían preguntar no sólo cómo, sino lo pronto que serán usadas sus donaciones».[10] No podría estar más de acuerdo; pero independientemente de cómo tu organización de beneficencia gaste tu dinero, ésta siempre saca más provecho disponiendo del dinero antes.

Tu legado es ahora

Ya conoces mi opinión sobre la elección del momento oportuno sobre tus gastos en general: que es importante. Mi norma número uno es la siguiente: maximiza tus experiencias vitales. Por lo tanto, gástate tu dinero mientras estés vivo, tanto si es en ti mismo, en tus seres queridos como en organizaciones benéficas. Más allá de eso, encuentra los momentos óptimos para gastar el dinero.

9. Psacharopoulos, G. y Patrinos, H. A.: «Returns to Investment in Education: A Decennial Review of the Global Literature» (documento de trabajo, World Bank Group Education Global Practice, Washington, D.C., abril, 2018), http://documents.worldbank.org/curated/en/442521523465644318/pdf/WPS8402.pdf
10. Jansen, P. J. y Katz, D. M.: «For Nonprofits, Time is Money», *McKinsey Quarterly*, febrero, 2002, https://pacscenter.stanford.edu/wp-content/uploads/2016/03/TimeIsMoney-Jansen_Katz_McKinsey2002.pdf

Cuando se trata de dar dinero a tus hijos, el momento óptimo, tal y como he sugerido antes en este capítulo, es cuando tienen 26-35 años: no demasiado tarde para tener un gran impacto y no demasiado pronto para que no despilfarren el dinero. Pero ¿qué pasa con dar dinero a organizaciones de beneficencia? En el caso de estas asociaciones, nunca es demasiado pronto. Cuanto antes dones el dinero a la investigación médica, por ejemplo, antes podrá ayudar ese dinero a combatir enfermedades, tal y como podemos ver a partir de los estudios referentes a la rentabilidad de las inversiones en la investigación médica.[11] Cada día aparece un nuevo avance tecnológico que mejora las vidas y, a lo largo del tiempo, esos avances suponen una enorme diferencia. Pero no puedes esperar a que estas cosas sucedan, sino que debes aportar lo que puedas basándote en los recursos de los que dispongas en la actualidad y los que esperes conseguir en el futuro.

Un amigo mío me explicaba que quiere fundar un negocio, y si éste tiene éxito quiere donar las ganancias a organizaciones benéficas. Su objetivo con el negocio es generar un enorme impacto en el campo de la beneficencia. Probablemente podrás adivinar lo que le dije: que su organización necesita su dinero ahora. Si dispones ahora del dinero para invertir en un nuevo negocio y la razón de que inviertas en él es ganar dinero para organizaciones benéficas, a ti y a la organización os iría mucho mejor si le dieses el dinero en este preciso momento, incluso aunque sea menos del que pudieses darle más adelante. El sufrimiento se está produciendo ahora, por lo que el momento de empezar a aliviarlo es ya mismo, y no en una fecha distante en el futuro.

Cada vez más filántropos siguen este enfoque, que el milmillonario filántropo Chuck Feeney llama «dar mientras se está vivo». Feeney, que ganó su fortuna como fundador del Duty Free Shoppers Group (las tiendas libres de impuestos que ves en los aeropuertos), es un gran modelo para seguir sobre lo que estoy proponiendo. Él empezó donando su dinero (anónimamente) pronto, y para cuando ya era octogenario había donado más de 8 000 millones de dólares de su riqueza. Había decidido vivir frugalmente, como la secretaria judicial Sylvia Bloom,

11. GRANT, J. y BUXTON, M. J. (2018): «Economic Returns to Medical Research Funding», *BMJ Open,* vol. 8, doi:10.1136/bmjopen-2018-022131.

pero al contrario que ella, no esperó hasta su muerte para que ese dinero fuera a parar a causas de beneficencia. Ahora es octogenario, y por propia elección, él y su esposa viven en un apartamento de alquiler. Su patrimonio neto ha descendido hasta alrededor de 2 millones de dólares: todavía suficiente para mantenerle durante el resto de su vida, pero una diminuta fracción del dinero que donó a lo largo de los años.

Feeney ha sido una inspiración para muchas personas ricas, incluyendo a Bill Gates y Warren Buffett; pero no tienes por qué ser rico para donar mientras estés vivo. El mismo principio se aplica a cualquier escala, tanto si tienes miles de millones, miles o cientos de dólares. No hace falta mucho dinero para tener un impacto notorio en los habitantes de los países en vías de desarrollo. Mediante organizaciones como Save the Children y Compassion International, puedes patrocinar a un niño por menos de 500 dólares anuales, ayudándolo a crecer seguro, sano y mejor educado, e iniciando un ciclo positivo para generaciones futuras.

Si no dispones de tanto dinero para donar como te gustaría, probablemente sigas teniendo tiempo que dar. Por lo tanto, recuerda que cuando digo «morir con cero» no quiero decir morir con el dinero que vas a dar a beneficencia. Si planeas dar, hazlo mientras estés vivo, y cuanto antes mejor. Tu organización benéfica no puede esperar.

Recomendaciones

- Piensa a qué edades quieres dar dinero a tus hijos y qué cantidad les darás. Lo mismo se aplica a donar dinero a organizaciones benéficas. Habla de estos asuntos con tu cónyuge o pareja, y hazlo hoy.

- Asegúrate también de consultar con un experto (asesor patrimonial o un abogado).

6

EQUILIBRA TU VIDA

Norma número 6:
No vivas tu vida con el piloto automático puesto

Al principio de este libro te he hablado de la época en la que mi jefe me dijo que era un idiota. Tal y como puede que recuerdes, yo era un tipo veinteañero tacaño, orgulloso de mí mismo por lograr ahorrar dinero con mi exiguo salario. Mi jefe, Joe Farrell, me hizo adquirir algo de sentido común recordándome que estaba en el camino para ganar mucho más dinero en los años siguientes, por lo que era un tonto por no gastarme el dinero que ganaba en esa época.

Joe Farrell no se inventó este consejo sin más. La idea de que es racional que la gente joven sea más desprendida con su dinero es compartida por muchos economistas, pese a que va en contra del consejo que la mayoría de nosotros oye mientras está creciendo. Cuando tenemos 8-9 años, nuestros padres nos dicen que ahorremos parte del dinero que nos regalan para nuestro cumpleaños en lugar de gastárnoslo todo. Cuando ya somos adultos, los asesores financieros nos dicen que nunca es demasiado pronto para empezar a ahorrar parte de nuestra nómina.

Por otro lado, muchos economistas piensan que el ahorro entre la gente joven es, en general, una mala idea. Cuando el economista Steven Levitt, famoso por su libro *Freakonomics*, llegó a la Universidad de Chicago como profesor de primer año, un colega mayor llamado José Scheinkman le dijo que debería gastar más y ahorrar menos: el mismo consejo que el propio Scheinkman obtuvo de Milton Friedman, el más famoso economista de la Universidad de Chicago. «Tu salario no hará sino aumentar, tu capacidad de generar ganancias no hará sino aumentar», recuerda Levitt que le decía su colega mayor, como si fuera un eco casi perfecto de lo que Joe Farrell me dijo a mí. «Y, por lo tanto, no deberías estar ahorrando ahora, sino pidiendo un préstamo. Deberías estar viviendo hoy de forma muy parecida a como vivirás dentro de 10-15 años y, de hecho, es una locura que estés racaneando y ahorrando, que es lo que, por lo menos a alguien como yo, que fui criado en el seno de una familia de clase media, le enseñaron a hacer».[1] Levitt dice que éste fue uno de los mejores consejos financieros que le dieron nunca.

Diría lo mismo del consejo, prácticamente idéntico, que me dio Joe Farrell, incluso pese a que, durante algún tiempo, lo llevé demasiado lejos. Las palabras de Joe me abrieron los ojos a una forma de pensar completamente nueva sobre el equilibrio entre los ingresos y los gastos. Yo era como un fanático convertido: tenía un yo antes de hablar con Joe y un yo muy diferente después. Antes había estado viviendo de forma muy parecida a como vive hoy la gente que sigue el movimiento IEJP (independencia económica, jubílate pronto): haciéndolo todo con poco dinero, vigilando cada céntimo y ahorrando tanto como pudiera para el futuro. Entonces, las palabras de Joe accionaron un interruptor en mi cerebro. Pasé, muy rápidamente, de ser un tipo IEJP a ser alguien que prácticamente quemaba el dinero. En los siguientes años mis ingresos siguieron aumentando, y mis gastos también.

Lo estaba pasando en grande, pero lamentablemente no puedo señalar una experiencia concreta de la que disfrutase en esos años que me proporcionase un gran dividendo en forma de recuerdos. Eso se debe a que me estaba volviendo loco: gastaba el dinero por gastarlo, en lugar de ser selectivo. Por ejemplo, me compré un equipo de música con una fidelidad de sonido más elevada de la que mi oído podía percibir, o

1. Dubner, S. J. y Levitt, S. D.: «How to Think About Money, Choose Your Hometown, and Buy an Electric Toothbrush», transcripción de podcast, *Freakonomics,* 3 de octubre, 2013, https://freakonomics.com/podcast/how-to-think-about-money-choose-your-hometown-and-buy-an-electric-toothbrush-a-new-freakonomics-radio-podcast/

iba a restaurantes que eran más caros, pero que no eran tan distintos a los restaurantes en los que había comido antes. Básicamente, si había una versión más cara de algo, iba a por ella sin pensar en sacarle la máxima relación calidad-precio. En efecto, pasé de ahorrar en piloto automático a gastar en piloto automático.

Mis gastos también pusieron en peligro mi futuro. No estaba sólo gastándome todos mis ingresos, sino que estaba recortando enormemente en mi reserva de seguridad para emergencias. ¿Qué pasaría si perdía el trabajo? Aparte del seguro de desempleo, no disponía de ningún colchón de apoyo, ni siquiera de un mes de salario.

Sigo creyendo firmemente en asumir riesgos cuando eres lo suficientemente joven para recuperarte de los posibles inconvenientes, pero sólo si hay un aspecto positivo, una recompensa que haga que el riesgo valga la pena. Siempre deben tenerse en cuenta el riesgo y la recompensa. Por lo tanto, si viajara a Nepal, por ejemplo, para hacer un viaje que nunca podría volver a disfrutar porque más adelante tendría hijos y otras responsabilidades, entonces, ése es un riesgo que vale la pena asumir.

Me parecería bien gastar todo lo que tengo e incluso incurrir en una deuda (como hizo mi amigo Jason cuando se fue de viaje como mochilero por Europa) por una experiencia así de las que sólo se presentan una vez en la vida. No llamaría a eso quemar el dinero, pero en esa época mis gastos no eran así en absoluto: lo que obtenía a cambio del riesgo que estaba asumiendo no valía la pena.

Pero puedes ver por qué fui tan lejos: al intentar evitar mi anterior idiotez consistente en privarme de cosas, me convertí en un tipo distinto de idiota. Al aceptar la sabiduría de Joe y seguirla, estaba reemplazando un error por otro: antes era demasiado ahorrador y después, demasiado malgastador. La verdadera sabiduría del consejo de Joe no siempre consiste en gastarte todo lo que ganas y seguir apostando por un futuro cada vez más brillante. No, la moraleja clave, y ahora me doy cuenta, consiste en *alcanzar el equilibrio adecuado entre gastar en el presente (y sólo en lo que valoras) y en ahorrar inteligentemente para el futuro.*

¿Por qué las normas sencillas de equilibrio no funcionan para todos?

También he llegado a darme cuenta de que este equilibrio sigue cambiando a medida que avanzas por la vida. Eso es bastante contrario a la mayoría de los consejos sobre finanzas personales. Por ejemplo, algunos expertos en finanzas te conminan a ahorrar «por lo menos el 10%» de tus ingresos cada mes o de cada nómina. Otros sugerirán otras cifras, como el 20%, pero, una vez más, te recomiendan que hagas esto cada mes o con cada nómina, independientemente de cuál sea tu edad o tu situación económica.

Fijémonos en la recomendación del 20%, que procede de una popular fórmula de elaboración de un presupuesto llamada la norma del 50-30-20.[2] Esta regla procede de Elizabeth Warren (sí, esa Elizabeth Warren, la política estadounidense). Antes de entrar en política, Warren había sido profesora de derecho con especial experiencia en la insolvencia, y también coescribió libros sobre por qué los estadounidenses de clase media se arruinan y cómo evitar ese aciago destino. Sugirió la norma del 50-30-20, que llamó la Fórmula Equilibrada del Dinero, como forma de ayudar a la gente a conservar la estabilidad económica.

Según esta norma, deberías presupuestar un 50% de tus ingresos para las cosas imprescindibles (alquiler, comida y servicios públicos), un 30% para tus necesidades personales (viajes, ocio y salir a comer fuera) y el restante 20% a hacer crecer tus ahorros y reducir tus deudas. La norma parece una forma genial (y sencilla) de alcanzar esa meta, especialmente en el caso de aquellos que quizás no tenga muy controlados sus gastos. Lo cierto es que se puso de moda. Sin embargo, si quieres ir más allá de la estabilidad económica (es decir, si deseas compartir mi objetivo de maximizar tu realización a lo largo de tu vida sin arruinarte), entonces, necesitarás una forma más sofisticada de pensar en el equilibrio. Para mi forma de razonar, la misma proporción

---

2. WARREN, E. y WARREN TYAGI, A.: *All Your Worth: The Ultimate Lifetime Money Plan.* Free Press, Nueva York, 2006, www.amazon.com/All-Your-Worth-Ultimate-Lifetime/dp/0743269888

de gasto y ahorro no puede ser adecuada para todos, y lo que es más importante: de ningún modo, tu porcentaje de ahorro debería ser el mismo con 22 que con 42 o 52 años. El equilibrio óptimo variará entre cada persona y se modificará a medida que tu edad y tus ingresos cambien. Este capítulo te mostrará varios métodos para ayudarte a encontrar y mantener ese equilibrio óptimo para ti mismo.

¿Por qué el equilibrio entre gasto y ahorro sigue variando?

La norma del 50-30-20 y otras fórmulas sencillas sugieren una relación constante entre gasto y ahorro. Por ejemplo, con la norma del 50-30-20, con la que ahorras el 20 % de tus ingresos, la relación es de 80 a 20. Si eliminas las cosas imprescindibles, lo que significa que los únicos gastos que cuentas son los deseos (más o menos lo que llamo «experiencias»), la relación entre gasto y ahorro es de 30 a 20. ¿Por qué digo que este equilibrio no puede ser correcto a lo largo de toda tu vida? Porque no supone una distribución óptima de tu energía vital. Ya comprendes parte de la razón si coincides con Joe Farrell y Steve Levitt: es una locura ahorrar el 20 % de tus ingresos cuando eres joven y tienes buenas razones para esperar ganar mucho más en los próximos años.

De hecho, tal y como sugiere Levitt, puede que incluso tenga sentido pedir prestado dinero (gastar más de lo que ganas) cuando esperas ganar mucho más a lo largo del camino.

Y para expresarme con claridad: cuando digo que tiene sentido pedir dinero prestado cuando eres joven, no me refiero que debas acumular deuda en tu tarjeta de crédito (tales préstamos con unas tasas de interés tan altas son una mala idea para cualquiera). Pide prestado con modestia y de forma responsable. Cuando tienes muchos años de ingresos crecientes por delante, no tiene sentido ahorrar el 20 % de tus ingresos. Eso significaría renunciar a experiencias de la vida memorables de las que podrías disfrutar, y también implica trabajar para pagar para un futuro más próspero: lo que es seguro es que se trata de un uso subóptimo de tu energía vital.

De acuerdo: supón que coincides conmigo en que un equilibrio 80 a 20 es subóptimo para muchos trabajadores jóvenes. ¿Pero qué hay de los trabajadores mayores? Obviamente, llegado a un cierto punto tendrás que empezar a ahorrar para tu jubilación, cuando, de otro modo, tendrías unos ingresos bajos o nulos. Y no sólo necesitarás ahorrar para tu jubilación: casi siempre habrá veces en tu vida en las que tus ingresos alcanzarán una meseta o tus gastos deberán aumentar, o ambas cosas sucederán al mismo tiempo. Para todas esas eventualidades necesitarás ahorrar dinero en algún momento, sin duda alguna. Cuando llegue ese momento, no querrás ahorrar demasiado (porque estarías renunciando a experiencias que quizás no se te presenten nunca más), y tampoco querrás ahorrar demasiado poco (porque eso privaría a tu yo futuro). Querrás ahorrar lo más cerca posible de la cantidad perfecta: querrás alcanzar el equilibrio óptimo entre disfrutar del presente y prepararte para un buen futuro.

Pero incluso al alcanzar una edad a la que sea buena idea empezar a ahorrar, *no* habrá una cifra mágica, un porcentaje constante de ahorro que te mantenga en equilibrio hasta que te jubiles. Para entender por qué, debes comprender por completo una idea que he abordado anteriormente: la capacidad de una persona de obtener disfrute de su dinero empieza a reducirse con la edad. ¿Qué significa esto? La idea se vuelve clara como el agua cuando ves a una persona en su lecho de muerte: demasiado débil y frágil, quizás con la necesidad de una sonda para alimentarse y una cuña para sus necesidades más básicas. La persona que está en su lecho de muerte no puede hacer gran cosa excepto recordar lo que ya ha hecho en su vida. Puedes darle un avión privado para ir a cualquier lugar del mundo, pero no podrá ir a ningún sitio. Tanto si ha ahorrado 1 millón como 1 000 millones de dólares, el dinero no supondrá una diferencia real para hacer aumentar el disfrute de lo que le queda de vida. Ciertamente, ésta es una forma sombría de enfocar el final de la vida, pero lo pone todo en muy buena perspectiva. En ese momento, la única persona con menos capacidad de obtener disfrute del dinero es la que se encuentra en la morgue o en la tumba.

¿Qué tiene eso que ver contigo, que tienes 40 años (o la edad que tengas) y estás sano? ¡Todo! Frecuentemente pienso en estos escenarios en el lecho de muerte porque el hecho de que todos moriremos tiene implicaciones en cada día de nuestra vida. Todos hemos oído hablar de la pregunta hipotética: «¿Qué harías si supieses que ibas a morir mañana?». La persona que hace esta pregunta suele seguir tu respuesta con: «¿Por qué no haces esas cosas ahora?». Bueno, la respuesta obvia es que probablemente no morirás mañana, así que es estúpido actuar como si así fuera. En general, el cuándo vayas a morir debería afectar a la forma en la que pasas tu tiempo.

Tal y como ya he mencionado, si supieses que vas a fallecer mañana, pasarías el día de hoy de una cierta forma, y si supieses que vas a morir en dos días pasarías el día de hoy de forma ligeramente distinta, ya que todavía te quedaría mañana. Lo mismo se aplica al morir dentro de tres días, cuatro días o veinte mil días: cuanto más lejos vayas en el tiempo, más variará el equilibrio entre vivir hoy y planificar para el futuro. Por lo tanto, si retrocedes un día o un año de cada vez, desde tu lecho de muerte hasta la silla de ruedas y hasta tu jubilación, y luego vas más allá, hasta tu treintena, etc., deberías ver por lo menos cambios sutiles en la forma en la que deberías vivir tu vida. Esto es fácil de ver cuando estás hablando de algunos días: esos cambios no son sutiles; pero cuando hablamos de miles de días (años y décadas) la gente tiende a olvidar esta lógica totalmente y a actuar como si veinte mil días fueran lo mismo que eternamente. Pero, por supuesto, ninguno de nosotros dispone de la eternidad. Debemos tener eso presente de modo que podamos aprovechar de forma óptima el tiempo del que disponemos y no caigamos en la trampa de vivir nuestra vida con el piloto automático puesto.

Los viajes son un buen ejemplo. Para mí, viajar supone la mejor estimación de la capacidad de una persona de obtener disfrute del dinero, porque requiere de tiempo, dinero y, por encima de todo, salud. Muchos octogenarios no pueden viajar lejos, ya que su mala salud lo impide. Pero no hace falta que te encuentres completamente debilitado para querer evitar algunos de los engorros relacionados con los viajes. Cuanto menos sano estés, menos capaz serás de hacer frente a los vuelos largos, las escalas en los aeropuertos, el sueño irregular y otros factores estresantes relacionados con los viajes. Un estudio de las limitaciones de la gente para viajar (lo que impide que viajen a un destino concreto) no sólo confirma esta intuición, sino que va mucho más allá. Algunos investigadores preguntaron a personas de distintas edades qué evitaba que viajaran. Averiguaron que la gente de menos de 60 años se ve más limitada por el tiempo y el dinero, mientras que quienes tienen más de 75 años se ve más limitada por problemas de salud. En otras palabras, cuando el tiempo y el dinero ya no son un problema, lo es la salud. Y no es como si llegara una edad a la que una persona empieza, de repente, a tener problemas de salud que evitan que viaje. «Los problemas de salud eran una limitación creciente a medida que la edad aumentaba», informaron los investigadores, «y suponían una limitación importante para los encuestados de mayor edad».[3]

Es una dura realidad. Tu salud no hace sino empeorar después de tu máximo esplendor al final de tu adolescencia y al principio de tu veintena, a veces de repente, pero generalmente de forma tan gradual que no te das cuenta. Cuando era joven me encantaba practicar deporte, sobre todo fútbol americano. Me sigue gustando, pero como cincuentón sano no pudo disfrutar tanto con él como lo hacía cuando tenía 20 años. No puedo correr tan rápido, y soy mucho más propenso a las lesiones. Cuando temes padecer un esguince del manguito rotador o romperte la rodilla, el fútbol americano no es tan divertido. Los amigos que tienen más o menos mi edad coinciden: llegado un cierto momento, tus recuerdos de haber jugado a fútbol son mucho más placenteros que practicar este deporte.

Esto sucede con todo tipo de actividades físicas. La semana pasada estaba jugando a tenis y vi que las rodillas me dolían un poco, por lo que paré. Eso no me hubiera pasado hace 20 años. Mi amigo Greg, al que le encanta esquiar y está en gran forma (para su edad) fue hace poco a esquiar siete días seguidos (algo que podría haber hecho fácilmente cuando tenía 22 años), pero después tuvo muchos dolores y se dio cuenta de que ahora esquiar siete días seguidos es demasiado para él.

Este disfrute menguante producto de una salud decreciente tiene un verdadero impacto sobre lo lejos que llega tu dinero, y esquiar es

3. NYAUPANE, G.; MC-CABE, J. T. y ANDERECK, K. (2008): «Seniors' Travel Constraints: Stepwise Logistic Regression Analysis», *Tourism Analysis,* vol. 13, pp. 341-354, https://asu.pure.elsevier.com/en/publications/seniors-travel-cons-traints-stepwise-logistic-regression-analysis

un buen ejemplo de este efecto. Digamos que un esquiador que se está haciendo mayor decide seguir disfrutando de este deporte dándose más pausas o recesos más largos entre descensos. Una gran idea, pero eso no significa que obtenga la misma experiencia que cuando era más joven y fuerte. Si solía hacer veinte buenos descensos en un día en las laderas de las montañas, ahora sólo puede gestionar quince. En efecto, la misma cantidad de dinero que gastaba ese día esquiando le aporta ahora sólo el 75 % del disfrute de la práctica del esquí que obtenía unos años antes.

Mi amigo Greg se recuperará y podrá volver a esquiar, pero su disfrute futuro se verá reducido porque no puede esquiar tanto como solía, y al final no podrá hacerlo en absoluto.

Pienso en esta triste realidad todo el tiempo, porque mucha gente a la que conozco nota cómo unas limitaciones físicas similares les acechan. Te pondré un ejemplo especialmente drástico. En las Islas Vírgenes Británicas, en una isla llamada Jost Van Dyke, hay un lugar fantástico en la playa llamado Soggy Dollar Bar (el bar del dólar mojado). Tiene ese nombre porque no hay una dársena y la gente ancla sus barcas un poco lejos de la orilla y nada hasta el bar, y luego su famoso cóctel Painkiller con dólares mojados. Algunas personas prefieren alquilar un Seabob (propulsor acuático) para llegar a lomos de él, cosa que pueden hacer, pero si te gusta nadar, obtendrás toda la experiencia que supone pagar con dólares mojados.

Eso es lo que el abuelo de mi novia, Chris, que tenía 69 años en esa época, quería hacer cuando vino de visita. Él es un antiguo monitor de natación que estaba deseoso de ir, por lo que ambos nos lanzamos al agua. Es un tramo corto, de unos 30 metros, pero a alrededor de los 20 metros oí a Chris gritar: «¿Falta mucho?». Le contesté, a gritos, que podía hacer fondo (había poca profundidad de agua) pero no me oyó. Cuando llegué hasta donde se encontraba estaba respirando incontroladamente. Pensé de inmediato en la reanimación cardiopulmonar y en si podría conseguir un desfibrilador a tiempo si las cosas se ponían feas. Afortunadamente no se llegó a ese punto: Chris empezó a recomponerse y después de 15 minutos su respiración y su ritmo respiratorio retomaron la normalidad, por lo que ambos pudimos disfrutar de un Painkiller con nuestros dólares mojados. ¡Menos mal!

Chris y muchos otros recuerdan sus días de gloria sin darse cuenta de lo que le está sucediendo a su cuerpo: en el caso de Chris que no estaba en forma como para nadar 30 metros. Muchos de nosotros padecemos esta desconexión mental con la realidad, y esta desconexión ayuda a perpetuar el mito de los años activos y dinámicos durante la jubilación, como si siempre fuésemos a poder hacer aquello con lo que disfrutamos.

Tal vez pienses: «Eso puede que sea cierto en el caso de mucha gente, pero yo estoy en mejor forma física que hace 20 años». Pues bien, lo que eso me dice es que no estabas cuidando mucho de tu salud antes, porque si lo hubieras hecho, habrías estado en mejor forma física hace 20 años. En igualdad de condiciones, una persona de 20 años está más sana y es más fuerte que una persona de 40 años, y alguien de 55 años está más sano y es más fuerte que alguien de 75 años. Esto no son más que realidades físicas propias de la vida. Permíteme que te muestre algunas pruebas procedentes de investigaciones médicas.

Los distintos sistemas del organismo se deterioran a diferentes velocidades, pero todos se deterioran. Por ejemplo, cuando los investigadores médicos monitorizan los cambios en la densidad ósea y la masa muscular de una población a lo largo del tiempo, informan de distintos conjuntos de cifras para las dos mediciones. Para complicar las cosas, también encuentran diferencias significativas entre grupos de población. Las mujeres blancas, por ejemplo, tienen una menor densidad ósea en las caderas que las negras, y ambos grupos tienen una menor densidad ósea que los varones negros, pero todos los grupos muestran un declive con la edad.

Los investigadores también monitorizan distintos indicadores de la salud ocular (la función visual), como la sensibilidad al contraste, el grosor de la retina y la agudeza visual. La función pulmonar tiene su propia trayectoria de deterioro con la edad. Lo mismo sucede con la salud cardíaca, la función cognitiva y el sentido del olfato, entre muchos otros. Por lo tanto, hay muchas curvas de salud distintas, y no sólo una, y todas tienen un aspecto un tanto diferente: algunas menguan con una trayectoria constante y prácticamente lineal, mientras que otras son más curvadas, mostrando un ritmo de declive acelerado. Además, dejando a un lado las diferencias entre grupos, y ya para empezar, algunas personas están más sanas que otras, y algunas son mejores conservando su salud a lo largo del tiempo, por lo que los rangos son más reveladores que las curvas individuales. Sin embargo, independientemente de en qué dato concreto de la salud te estés fijando, o de cuántas curvas combines, los octogenarios están mucho menos sanos que las personas de 25 años.

Hasta cierto punto, el ritmo de deterioro de la salud física es cosa tuya. Cuanto más conserves tu salud, menos pronunciado será tu declive. Por ejemplo, la curva de la función pulmonar de los no fumadores es mucho más plana que la de los fumadores. Cuanto mejor sea tu salud en un año dado, más podrás disfrutar de tus experiencias ese año. Por lo tanto, sí, sufrirás un deterioro, pero tienes mucho que decir en cuanto a la forma del declive. Eso es algo bueno, porque cuanto más puedas conservar la salud durante tu vida, mayor será la puntuación de la satisfacción a lo largo de toda tu vida. Pero no te engañes. No importa cuánto cuides de tu cuerpo: nunca tendrás una mejor salud a los 65 años que cuando tenías 25 años, asumiendo que a los 25 años tu salud fuese normal.

A un nivel personal, me he vuelto incluso más reflexivo sobre qué hacer y cuándo. El otro día mis amigos y yo alquilamos un barco y pensé en hacer *wakeboarding*, que es como practicar *snowboarding* pero en el agua. ¿Estaba, con 50 años, todavía en s buena forma como para practicarlo? Probablemente. ¿Estaré en buena forma física dentro de siete años? Ciertamente no. Esta actividad tenía que darse en ese momento o nunca, por lo que decidí ir a por ella. No querría llegar al final de mis días, cuando ya no conservase mi buena salud, y darme cuenta de que había cosas que quería hacer que no hice antes, cuando sí podía.

Tu capacidad de disfrutar de muchas experiencias en la vida depende de tu salud, pero el dinero también desempeña un papel importante, porque muchas actividades cuestan dinero. Por lo tanto, sería mejor que te lo gastases mientras todavía tienes salud.

Éste es el argumento: demasiados de nosotros seguimos considerándonos a nosotros mismos, de forma continua, como si estuviésemos en la veintena, pese a que nuestra edad real se encuentre en algún punto de la cincuentena, sesentena o incluso la setentena. Aunque es admirable considerarse a uno mismo «joven de corazón», también es necesario ser más realista y objetivo sobre tu cuerpo y cómo está envejeciendo. Debes ser consciente y estar al tanto de tus límites físicos y sobre cómo van invadiéndote constantemente a medida que te haces mayor, tanto si te gusta como si no.

Empecé a pensar en estas cosas después de esa ocasión en la que le regalé 10 000 dólares a mi abuela y descubrí que era incapaz de gastárselos. Todo lo que quería comprar de verdad en ese momento era un jersey para mí. Empecé a notar el mismo tipo de situación con otros familiares mayores, y pensé: «Estos son mis antepasados, por lo que yo también seré esa persona en algún momento». Y se me ocurrió pensar que todos acabamos siendo así con el tiempo. A medida que envejeces, tu salud se deteriora y tus intereses se reducen gradualmente,[4] del mismo modo en el que tu deseo sexual disminuye. Tu creatividad también suele bajar; y cuando eres extremadamente anciano y frágil, independientemente de cuál sea tu nivel de interés, todo lo que puedes hacer es sentarte y comer puré. Llegado a ese punto, el dinero no tiene ninguna utilidad para ti, porque todo lo que necesitas o quieres es tumbarte en la cama y ver concursos en el televisor. Ésta fue mi conclusión: la utilidad o función del dinero disminuye con la edad.

También me quedó claro que el declive no empieza desde el momento del nacimiento. Cuando somos niños, obtenemos muy poco disfrute del dinero. Es cierto que los cuidados de los bebés son caros, pero no es que obtengan mucho disfrute del gasto del dinero. Cuando eres un bebé, no hay mayor felicidad que tu madre y la cuna. En cierta forma, la cantidad de utilidad que los bebés obtienen del dinero es muy similar a la que consiguen los ancianos. El dinero carece prácticamente de valor al principio y al final de la vida.

¿Qué sucede entre medias? Cuando era veinteañero, siempre podía encontrar cosas nuevas que hacer con el dinero. En ese tiempo, el dinero tiene mucha utilidad. Por lo tanto, cuando me fijé en estos tres momentos (el bebé, el veinteañero y el anciano), me di cuenta de que debía existir una curva. En otras palabras, si el eje horizontal de una

---

4. SAPOLSKY, R. M.: «Open Season», *New Yorker,* 30 marzo, 1998, www.newyorker.com/magazine/1998/03/30/open-season-2

gráfica representa tu edad y el vertical, tu capacidad de disfrutar de las experiencias de la vida que el dinero puede comprar, entonces, si tuvieses que trazar tu disfrute potencial según tu edad, verías algún tipo de curva. Piensa en ello de la siguiente manera: dada la misma cantidad de dinero cada año (digamos 100 000 dólares), podrás obtener mucho más disfrute de ese dinero en algunos momentos de tu vida que en otros. La utilidad del dinero cambia a lo largo del tiempo, y lo hace de una forma bastante predecible: empezando en algún momento de tu veintena, tu salud empieza, muy sutilmente, a menguar, lo que provoca un declive correspondiente en tu capacidad de disfrutar del dinero.

La capacidad de disfrutar de experiencias basada en la salud

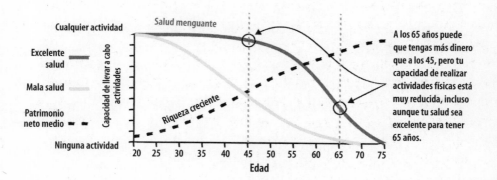

La salud de todos mengua con la edad. La riqueza, por otro lado, tiende a crecer a lo largo de los años, ya que la gente ahorra más y más; pero la salud en proceso de deterioro restringe gradualmente tu disfrute de esa riqueza, ya que cada vez más actividades físicas se vuelven imposibles de disfrutar, independientemente de cuánto dinero puedas permitirte gastar en ellas.

Este pensamiento me sugirió, de inmediato, unas implicaciones prácticas: si tu capacidad de disfrutar de las experiencias de la vida es superior a algunas edades que a otras, entonces, tiene sentido gastar más de tu dinero a ciertas edades que a otras. Por ejemplo, como 10 000 dólares tienen mucho más valor en tu cincuentena que cuando eres octogenario, y tu objetivo es maximizar el disfrute que obtienes de tu dinero y tu vida, será más beneficioso desplazar por lo menos parte de ese dinero de tu ochentena a tu cincuentena. Por la misma razón, redundará en tu beneficio transferir algo de ese dinero también a tu veintena, treintena y cuarentena. Hacer este tipo de transferencias económicas conscientes genera, en esencia, un plan de gastos a lo largo de toda tu vida que tiene en cuenta la cambiante utilidad del dinero.

Siempre que haces cambios para gastar dinero, modificas también el cuándo ahorras. Por lo tanto, por ejemplo, en lugar de ahorrar el 20 % de los ingresos a lo largo de los años de trabajo, a algunas personas les iría mejor ahorrar prácticamente nada a principios de su veintena (tal y como hemos comentado) y luego incrementar gradualmente su índice de ahorro a finales de su veintena y en su treintena, a medida que sus ingresos empiezan a crecer. Entonces, deberían ahorrar incluso más del 20 % en su cuarentena, y luego ralentizar su índice de ahorro de modo que, al final (tal y como explico en el siguiente capítulo) empiecen, de hecho, a gastar más de lo que ganan.

Nótese que tengo la precaución de decir que a *algunas* personas les iría mejor haciendo eso. La situación de cada cual es distinta. Por ejemplo, las actividades favoritas de algunas personas, como pasear, son baratas, y otras no requieren tener un excelente estado de salud. La cantidad que deberías ahorrar también depende de lo rápidamente que crezcan tus ingresos cada año, de dónde vivas y de la velocidad a la que crezcan tus ahorros. Debido a todas estas variables y a todas las posibles combinaciones que provocan, no existe una norma que se aplique para todos.

Lo cierto es que: tiene sentido gastar más de tu dinero a algunas edades que a otras, por lo que, asimismo, tiene sentido adaptar tu balance entre gastos y ahorro a lo largo de los años en consecuencia.

Los verdaderos años dorados

A todos nos han dicho (como a muchas hormigas diligentes y que trabajan duro) que debemos ahorrar dinero para nuestros «años dorados» de la jubilación; pero, irónicamente, los verdaderos años dorados (el período de máximo potencial para el disfrute porque disponemos de la máxima salud y riqueza) llegan antes de la edad tradicional de jubilación a los 65 años; y esos verdaderos años dorados son los años durante los cuales deberíamos sacarle el máximo provecho a nuestros gastos, y no retrasar la gratificación.

Demasiada gente comete el error de invertir en su futuro muy pasado el momento en el que esas inversiones les compensen alguna vez de formas que incrementen la realización general en su vida. ¿Por qué insisten en ello? Creo que la razón es la inercia (o, tal y como yo le llamo, el piloto automático) de hacer lo que ha funcionado en el pasado. A veces es mejor gastar ahora, y en otras ocasiones te irá mejor ahorrar (e invertir) tu dinero para disfrutar de una experiencia potencialmente mejor en el futuro.

En los extremos esto es fácil de ver: obviamente, si sigues acumulando tu dinero y no gastas nada, tu curva de la realización será mínima, y si te lo gastas todo ahora no te quedará nada para el futuro. Se trata de la fábula de la hormiga y la cigarra, tal y como yo la interpreto: hay un momento para trabajar (y ahorrar) y un momento para el ocio, y la vida óptima requiere de planificación tanto para la supervivencia como para medrar. La cigarra está tan centrada en vivir, en disfrutar tanto del momento, que se olvida de la supervivencia y acaba teniendo una vida muy corta; pero la hormiga también está cometiendo un gran error: como resultado de su trabajo duro, vivirá para ver otro año, pero está tan preocupada por la supervivencia que no logra disfrutar del verano y medrar. Ninguno de los extremos optimiza la realización a lo largo de la vida.

Comprender esta moraleja es una cosa, pero ponerla en práctica es una historia muy distinta. En cualquier momento concreto, no es fácil saber qué camino tomar. El equilibrio óptimo entre ahorrar y gastar no es obvio en absoluto. Si has pasado décadas ahorrando e invirtiendo diligentemente tu dinero, puede resultar duro dejar de hacerlo, asumiendo que fueses consciente de que deberías parar.

Así pues, ¿qué hacer? ¿Cómo consigues un mayor equilibrio en tu vida? Recomiendo varias formas de pensar en el problema. Dependiendo de quién seas y cómo pienses, habrá diferentes opciones que te toquen un punto sensible.

Equilibrar la salud, el dinero y el tiempo a lo largo de tu vida

Piensa en los tres aspectos básicos que la gente necesita para sacarle el máximo provecho a la vida: salud, tiempo libre y dinero. El problema es que estas cosas rara vez coinciden al mismo tiempo. Los jóvenes tienden a tener una salud excelente y mucho tiempo libre, pero generalmente no tienen mucho dinero. Los jubilados, en su sesentena, setentena y más allá (el otro extremo del espectro) disponen de abundante tiempo (y de más dinero que los jóvenes), pero, lamentablemente, tienen una peor salud y, por lo tanto, una menor capacidad de disfrutar del tiempo y el dinero que los jóvenes.

¿Qué sucede en medio de estos dos extremos? Pienso en este período como si fuesen los verdaderos años dorados porque suele incluir una buena combinación entre salud y riqueza. Por ejemplo, una persona de 35 años sigue estando lo suficientemente sana como para hacer la mayor parte de las cosas que puede hacer alguien de 25 años, pero normalmente gana mucho más. Una persona de 40 años (y aún más, una de 50 años) generalmente goza de una peor salud que alguien de 30 años, pero sigue conservando un grado bastante alto de buena salud (y, generalmente, de unos mayores ingresos que alguien de 25-35 años). Por lo tanto, las personas en esta edad intermedia (ni muy jóvenes ni muy mayores) suelen encontrarse con un problema muy distinto: se enfrentan a un momento de la verdad, especialmente si tienen hijos. Este momento de la verdad es su mayor obstáculo para tener experiencias vitales positivas. No es que los hijos no aporten muchas experiencias vitales positivas (las proporcionan), pero entre los cambios de pañales, conducir para llevarlos a distintas clases y entrenamientos, y gestionar el hogar, queda menos tiempo para otras experiencias. Lo mismo vale en el caso de que no tengas hijos, pero te encuentras trabajando muchas más horas para ganar dinero de las que trabajabas en tu veintena.

Para obtener las experiencias de la vida más positivas a cualquier edad debes equilibrar tu vida, y esto requiere que intercambies un recurso abundante para obtener más de uno más escaso.

Equilibrio cambiante entre la salud, el dinero y el tiempo libre

20-30 años

Dinero

Tiempo

Salud

31-60 años

Dinero

Tiempo

Salud

Más de 61 años

Dinero

Tiempo

Salud

Cada edad tiende a poseer un equilibrio distinto entre salud, dinero y tiempo libre. Como la realización requiere de cantidades razonables de los tres, es una buena idea, a cualquier edad, intercambiar la abundancia de uno de ellos (como por ejemplo el dinero) para conseguir una mayor cantidad de los otros dos (como comprarte más salud o más tiempo libre).

Cada grupo ya hace esto en un cierto grado, pese a que creo que suele errar en cuanto a la magnitud. Concretamente, la gente joven intercambia su abundante tiempo por dinero, a veces en exceso: deberían valorar su tiempo libre más de lo que la mayoría de la gente hace. La gente mayor gasta mucho de su dinero intentado mejorar su salud o, por lo menos, combatir las enfermedades. La gente de una edad media a veces intercambia dinero por tiempo y, cuanto más dinero tenga, más cantidad de él debería usar para comprar tiempo.

La mayoría de la gente trabajadora se centra demasiado en conseguir más dinero.

Permíteme que te explique por qué centrarte en la salud y el tiempo libre te proporcionará más satisfacción.

¿Por qué tu salud es más valiosa que tu dinero?

Nada tiene un mayor efecto sobre tu capacidad de disfrutar de experiencias (a cualquier edad) que tu salud. De hecho, es mucho más valiosa que el dinero, ya que ninguna cantidad de dinero puede compensar una muy mala salud; mientras que la gente con una buena salud pero con muy poco dinero puede seguir disfrutando de muchas experiencias maravillosas.

Y eso no sólo es cierto en el caso extremo de una salud extremadamente mala. El simple hecho de tener un considerable sobrepeso puede suponer un impedimento para que disfrutes de la vida, aunque sólo sea por toda la presión extra a la que el peso adicional somete a tus rodillas. Apuesto a que conoces a gente que, debido a sus rodillas o una musculatura débil, o la simple conciencia propia de su cuerpo, evita muchas experiencias con las que otras personas de su entorno disfrutan, como hacer senderismo, o lanzarse por una tirolina, o pasarlo bien en al agua y tomando el sol en la playa; o salen a hacer una excursión con amigos, pero acaban exhaustos y con la lengua fuera, esforzándose de verdad por disfrutar algo de esta actividad potencialmente divertida. Algunas de estas personas quizás hasta hayan sido atletas de jóvenes, pero cuando dejaron de ser físicamente activas siguieron acumulando calorías hasta que tuvieron un sobrepeso de 15-25 kilos. Es tan fácil que eso suceda, especialmente en el caso de gente con empleos que consumen la mayor parte del día y su energía y que requieren que esté sentada delante de la pantalla de un ordenador durante horas. ¿Y con qué fin? Cuando el exigente trabajo acabe proporcionándote el éxito económico, ¿seguirás disponiendo del ingrediente clave (la salud) para disfrutar de ese éxito?

Los proveedores de servicios médicos comprenden el problema mejor que muchos de nosotros, debido a los muchos pacientes que atienden; pero incluso la gente que trabaja en el campo de la asistencia sanitaria no es inmune a descuidar su propia salud. Permíteme ponerte un ejemplo, éste con un final feliz. Stephen Stern, un quiropráctico de Massachusetts que se hizo conocido por su batalla, durante décadas, contra su peso, había tratado a pacientes doloridos durante décadas y, pese a ello, permitió que su peso fluctuara arriba y abajo. Comenzaba a hacer ejercicio y perdía algo de peso, pero luego dejaba de hacerlo y lo recuperaba todo, perdiendo la forma física que tan duro había trabajado para conseguir.[5]

Cuando Stern tenía 59 años acabó dándose cuenta de que no podía permitir que este patrón continuase: no si quería evitar el destino de

5. Honeyman, R.: «Proof That 65 Is Never Too Late to Kickstart Your Fitness Journey», GMB Fitness, 20 de noviembre, 2016, https://gmb.io/stephen-v/

sus pacientes menos afortunados. Tal y como lo exponía un artículo sobre él: «Había visto a pacientes de su edad y más jóvenes que habían perdido la capacidad de hacer cosas que les gustaban: no sólo debido a lesiones o enfermedades, sino a que también habían descuidado su cuerpo . Sabía que, cuando la gente en esta etapa de la vida perdía sus capacidades físicas, frecuentemente nunca las recuperaba».

Por lo tanto, Stern estaba decidido a ponerse en forma antes de cumplir los 60 años. En esta ocasión tomó un camino más gradual que en el pasado para alcanzar la buena forma física. Su cuerpo ya no podía soportar los intensos regímenes de entrenamiento a los que se había sometido de joven, pero sí podía seguir recuperando una buena parte de su forma física caminando y practicando la calistenia; y este enfoque lento pero constante funcionó: sus continuos dolores de rodilla desaparecieron, y a los 66 años vio que podía alcanzar grandes hazañas de fuerza y equilibrio, como flexionar las rodillas mientras hacía el pino. Sus esfuerzos en la mejora de su estado físico le compensaron en forma de unas renovadas capacidades y confianza en sí mismo, y con experiencias dichosas que, de otro modo, no podría haber disfrutado, como llegar a la cima de montañas con su hija. Aunque ahora puede hacer cosas que la mayoría de los treintañeros no pueden, sabe que nunca estará tan en forma como ellos. Lo que, de hecho, ha alcanzado es la cima de la salud para su edad: «Soy un hombre mayor y me muevo de la forma en la que puede hacerlo un hombre mayor».

Historias como la de Stephen Stern son inspiradoras: todos queremos oír decir que nunca es demasiado tarde; pero ésa no es la razón por la que estoy explicándote esta historia. Lo cierto es que a veces es realmente demasiado tarde para revertir décadas de abandono y abusos, algo que Stern comprendió; e incluso cuando no es demasiado tarde, siempre es mejor haber invertido en la salud antes. Lo que estoy intentando transmitir es que una mejor salud lo mejora todo en tu vida, y hace que cada experiencia sea más placentera a todas las edades.

En nuestro modelo de tres puntas (en el que la realización procedente de una experiencia es función de la salud, el dinero y el tiempo libre), la salud es el factor más importante (o multiplicador) que afecta al volumen de la curva de la realización de una persona a lo largo de toda su vida. Nuestras simulaciones muestran que incluso una pequeña reducción permanente de la salud en algún momento de la vida de una persona equivale a una gran reducción en la puntuación de la satisfacción de una persona a lo largo de su vida.

¿Por qué sucede eso? ¿Por qué la salud afecta más a la realización a lo largo de toda la vida que el tiempo libre o el dinero? Al modificar la participación de la salud estamos modificando el ritmo al que tu cuerpo se deteriorará. Lo rápidamente que se deteriore tu salud corporal depende de cuánto estés en forma (o no) ahora. Por lo tanto, si te encuentras a un 2 % de tu salud óptima ahora, puede que te encuentres a un 20 % de tu salud óptima dentro de 10-15 años. Básicamente, el tener una mala salud tiene un efecto agravante. No afirmo ser médico, pero aquí tenemos un ejemplo de cómo veo que funciona la cosa y del impacto que tiene sobre tu disfrute de las actividades.

Digamos que tienes 5 kilos de sobrepeso. Eso no parece tan malo al principio, pero cada kilo excesivo implica 4 kilos de fuerza sobre tus rodillas. El exceso de 10 kilos equivale a 40 kilos de fuerza excesiva que tus rodillas no estaban diseñadas para soportar. Naturalmente, con el tiempo el cartílago de tus rodillas se deteriorará y desgastará, y puede que tus huesos empiecen a rozar entre sí. Tus amortiguadores naturales se han desgastado, haciendo que te resulte doloroso caminar durante algo de tiempo, y correr es prácticamente insoportable. Esto da lugar a una mayor ganancia de peso y a otros problemas relacionados. No es de sorprender que las operaciones de prótesis de rodilla sean una de las intervenciones que más están creciendo en Estados Unidos, siguiendo de cerca al aumento de la obesidad. En cualquier caso, esos 3 kilos que aparentemente no tienen ninguna consecuencia agravaron otros problemas de salud serios y una falta de disfrute de actividades relacionadas con el caminar.

Tal y como ya he afirmado, el movimiento es vida y tus experiencias se verán enormemente reducidas si moverte te resulta doloroso o limitado. Hay muchos patrones de deterioro hasta que finalmente fallecemos. Todos deseamos tener el mejor funcionamiento físico hasta que muramos, pero, pese a ello, muchos de nosotros padeceremos un mayor deterioro exponencial en un momento más temprano de nuestra vida (lo que resultará en una menor capacidad y un menor disfrute) como producto de cómo hemos tratado a nuestro cuerpo.

Supuestamente, Einstein dijo que el interés compuesto o acumulado es la mayor fuerza del universo. Los pequeños cambios en la salud pueden conducir a un empeoramiento que tiene enormes impactos en la realización a lo largo de tu vida y en cuanto a los puntos en forme de experiencias.

Las buenas noticias de todo esto son que, si das pasos ahora para mejorar tu salud, aunque sean pequeños (mejorar aunque sea un 1 % y evitar los efectos acumulativos negativos), habrás mejorado enormemente tus puntos totales en forma de experiencias.

Hay una clara implicación en esta observación, e indudablemente la habrás oído antes: todos los grupos de edades deberían dedicar más tiempo y dinero a su salud. Ningún grupo de edad se gasta más en su salud que los ancianos, cuyos gastos en asistencia sanitaria aspiran a tratar enfermedades degenerativas, controlar el dolor y prolongar la vida. Sin embargo, las inversiones más tempranas en salud darían como resultado una mayor satisfacción a lo largo de toda la vida. Las conductas preventivas (comer sano y fortalecer la musculatura) te ayudan a mantener tu salud tan bien como sea posible durante tanto tiempo como sea posible, y hacen que todas las experiencias sean más agradables. No estoy hablando sólo de poder esquiar en tu setentena en lugar de tener que conformarte con jugar al *shuffleboard,* o de jugar al tenis en lugar de tener que optar por el pádel o el *pickleball.* No, incluso actividades cotidianas como subir y bajar escaleras, levantarse de una silla o llevar bolsas de la compra se vuelven más fáciles y agradables cuando estás en buena forma física y no sometes a un peso excesivo a unos huesos o músculos débiles. Piensa que lo rápidamente que te canses en un día haciendo turismo, practicando *snowboard* o jugando con niños pequeños tendrá un impacto obvio sobre cuánto disfrute puedes obtener de ese día. Ahora, multiplica eso por todos tus días futuros viviendo esas experiencias.

Ésa es la razón por la cual me gusta hacer propuestas de apuestas ligadas a objetivos relacionados con la salud; del tipo en el que apuesto una cantidad muy elevada de dinero a que un amigo no conseguirá correr un maratón o no será capaz de perder una cierta cantidad de peso. He hecho más de estos tipos de apuestas de los que puedo recordar, y pienso que son geniales debido a que el valor de alcanzar un objetivo importante y que te cambie la vida relacionado con la salud supera con mucho el dinero que te juegas. Una de mis apuestas recientes favoritas (a pesar del hecho de que la perdí) implicó a dos tipos jóvenes que conozco del mundo del póquer: los hermanos Jaime y Matt Staples. Al inicio de la apuesta, Jaime estaba obeso y no había ocultado sus intentos pasados por perder peso, mientras que Matt estaba un poco flaco y quería ganar músculo. Para motivarles a que alcanzaran sus objetivos, hice una única apuesta. Los dos obtendrían una suma elevada pagada por mí si, exactamente en un año, alcanzaban el mismo peso (técnicamente con una diferencia máxima de medio kilo).

Sorprendentemente, su transformación fue espectacular: Jaime perdió más de 45 kilos, mientras que Matt ganó más de 22 kilos, buena parte de ellos en forma de músculo. Puedes ver las fotografías del antes y el después en Internet.[6] Obviamente, les gustó mucho ganar y estuvieron orgullosos de su logro, pero incluso aunque hubieran perdido la apuesta después de quedarse cerca de ganarla, la pérdida económica (sólo una cincuentava parte de mi apuesta, ya que habíamos determinado que sería de cincuenta a uno) habría valido los beneficios por una mejor salud, especialmente dado que eran jóvenes. Ambos dispondrán de muchos años para disfrutar de la mayor satisfacción que obtendrán por haber conseguido estos objetivos relativos a la salud. Una mejor salud no sólo te proporciona unos mejores años tras la jubilación a partir de ahora, sino que invertir en ella es invertir en cada experiencia posterior.

No vendas tu tiempo a la baja

La otra gran oportunidad que veo para generar una vida más equilibrada es intercambiar dinero por tiempo libre: una táctica que suele tener su mayor impacto en la edad madura, cuando se tiene más dinero que tiempo. El ejemplo clásico es la colada, que es una tarea semanal que requiere de bastante tiempo, que la mayoría de la gente

---

6. CROSS, V.: «Jaime and Matt Staples Win $150,000 Weight Loss Bet from Bill Perkins», *PokerNews,* 23 de marzo, 2018, www.pokernews.com/news/2018/03/jaime-staples-set-to-collect-on-150k-weight-loss-prop-bet-30300.htm

aborrece hacer y que, en muchos lugares, puede hacerlo un servicio externo especializado de forma económica.

Permíteme que lo aclare. Supón que tu trabajo te renta 40 dólares netos por hora, y supón que hacer la colada te lleva 2 horas cada semana, porque eres lento e ineficiente con esa tarea. Un servicio especializado, que dispone de un mejor equipamiento y hace coladas durante todo el día y todos los días, es mucho más eficiente que tú y puede obtener un beneficio incluso aunque te cobre 50 dólares o menos. ¿Vale la pena gastarse 50 dólares por semana en un servicio que te recoge la colada semanal y te la devuelve limpia y pulcramente doblada la siguiente semana? Totalmente, porque a 40 dólares la hora, 2 horas de tu tiempo valen 80 dólares. Esto es cierto incluso aunque no emplees ese tiempo para ganar dinero, ya que podrías usarlo para llevar a tus hijos al parque, leer un libro, reunirte con un amigo para ir a comer o lo que sea que disfrutarías más que hacer la colada.

La colada no es más que un ejemplo. La misma lógica vale para cualquier tarea rutinaria, pesada y no deseable, como la limpieza del hogar. Para mí, este tipo de tercerización siempre me ha parecido obvia: tanto es así que empecé a hacerlo en mi veintena, cuando tenía unos ingresos mucho menores. Incluso entonces elegía pasar el sábado por la mañana patinando por Central Park e ir a tomar un *brunch* en un restaurante de la cadena Sarabeth's que limpiar mi apartamento. Y doy gracias a Dios por haber escogido gastar ese dinero, porque ahora tengo recuerdos de por vida de muchos fines de semana agradables.

Cuanto más dinero tengas más deberías emplear esta táctica, porque tu tiempo es mucho más escaso y finito que tu dinero. Yo intercambio constantemente dinero por tiempo. Nunca obtendré más de 24 horas de un día, pero puedo hacer todo lo posible por desocupar tanto de ese tiempo finito como pueda.

Ésta no es sólo mi experiencia personal ni mi teorización económica. Las investigaciones psicológicas me respaldan. La gente que ahorra dinero en compras que les ahorran tiempo experimenta una mayor satisfacción en su vida, independientemente de su nivel de ingresos.[7]

7. WHILLANS, A. V.; DUNN, E. W.; SMEETS, P.; BEKKERS, R. y NORTON, M. I.: «Buying Time Promotes Happiness», *Proceedings of the National Academy of*

En otras palabras, no tienes por qué ser rico para disfrutar de los beneficios de gastar dinero para liberar tiempo. Mediante la realización de un experimento en el que daban a algunos adultos trabajadores dinero para gastar en una compra que les ahorrase tiempo (mientras daban a otro grupo de adultos trabajadores la misma cantidad de dinero para gastar en una compra material), los investigadores pudieron empezar a explicar por qué la gente que gasta dinero para ahorrar tiempo es más feliz: vieron que el uso de servicios que ahorran tiempo redujo el apremio, y que la reducción del apremio mejoraba el estado de ánimo ese día. Si esto se hace repetidamente, el mayor estado de humor cotidiano mejora, a su vez, la satisfacción general de la vida.

Eso tiene sentido para mí, pero también creo que también se trata de algo más que el alivio del apremio. Yo lo veo así: si pagas por librarte de hacer tareas con las que no disfrutas, estarás, simultáneamente, reduciendo el número de experiencias de la vida negativas e incrementando las positivas (para las cuales dispones ahora de más tiempo). ¿Cómo no podría eso hacer que estés más contento con tu vida?

Puede que te des cuenta, con un cierto remordimiento, de que no acertaste con el equilibrio: pongamos, por ejemplo, que ahora tienes 35-40 años y que en tu veintena empleaste todo tu tiempo para ganar dinero y que, por lo tanto, te perdiste muchas experiencias geniales. Aunque nunca recuperarás esos años, ahora puedes intentar reequilibrar tu vida. Por lo tanto, tienes que intentar centrarte de verdad en vivir más experiencias ahora, mientras todavía tienes un grado elevado de salud, y en gastar más que una persona de tu edad que no ha intercambiado todo ese tiempo por dinero. Para cada momento hay una experiencia ideal que vivir en un momento dado.

Tu índice de interés personal

Ya sabes que tu capacidad de obtener disfrute del dinero se reduce con la edad. Bueno, el resultado de eso es que cuanto mayor seas más

Sciences, vol. 114, n.º 32 (8 de agosto, 2017), pp. 8523-8527, doi:10.1073/pnas.1706541114.

tendría que pagarte alguien para que demores una experiencia. La cantidad que tendrían que pagarte es lo que yo llamo tu *índice de interés personal*, que aumenta con la edad. Esta idea toca inmediatamente la fibra sensible de la gente del mundo de las finanzas, que está acostumbrada a pensar en tasas de interés y en el valor en forma de tiempo del dinero. Permíteme que te lo explique.

Imagina que tienes 20 años. A esta edad puedes permitirte esperar un año o dos para vivir una experiencia, porque normalmente podrás disfrutar de esa experiencia más adelante. Por lo tanto, tu interés personal es bajo: alguien no tendría que pagarte mucho para que estuvieses dispuesto a retrasar esa experiencia. Digamos que quisieras hacer un viaje a México este verano, pero que tu jefe te dijese: «Me vendría muy bien disponer de ti este verano. Sé que querías irte de viaje a México, ¿pero podrías replantearte ir el verano que viene? Te pagaría un porcentaje X del precio del viaje si lo hicieses». De acuerdo, es una oferta interesante. Así pues, ¿cuán elevado tendría que ser X para que accedieses? ¿Un 10%? ¿Un 25%?

Ahora imagina que tienes 80 años. Llegado a este punto, demorar una experiencia se vuelve mucho más costoso, por lo que la X tendría que ser mucho más elevada que cuando tenías 20 años. Incluso si alguien te pagase un 50% del precio del viaje por retrasarlo, no aceptarías necesariamente la oferta: tu tasa de interés personal a los 80 años puede que sea superior al 50%. Puede que incluso sea superior al 100%.

¿Qué sucede si padeces una enfermedad terminal? Una vez que sepas que no vivirás más de un año, tu índice de interés personal se saldrá de las tablas: nadie podría pagarte el dinero suficiente para que demorases una experiencia valiosa.

Por lo tanto, tu tasa de interés personal aumenta con la edad, pero lamentablemente no siempre actuamos como si lo hiciese. Si esta idea de una tasa de interés personal funciona para ti, entonces tenerla en cuenta cuando estés planteándote comprar una experiencia puede ayudarte a decidir si vale la pena gastarse el dinero ahora o guardártelo para otra ocasión.

¿Preferirías...?

Si el índice de interés personal no te convence, puedes pensar en términos de simples múltiplos de una experiencia. Así es cómo está organizada la prueba de las nubes de caramelo, creada en la década de 1960 por el psicólogo Walter Mischel para niños en edad preescolar: ¿preferirías que te diesen una nube de caramelo ahora o dos dentro de quince minutos? Muchos niños de 3 años podrían decir que preferirían tener dos nubes de caramelo al cabo de quince minutos, pero una vez que tienen ese tentador dulce delante de ellos, muchos no pueden esperar.

Los adultos suelen tener una mayor capacidad de demorar la recompensa, muy frecuentemente hasta llegar al punto en el que retrasar la gratificación ya no les hace un buen servicio. Estás, en efecto, optando no por una nube de caramelo ahora o dos en quince minutos, sino por una y media al cabo de 10 años.

Cuando se expone de esta forma, el error parece obvio. Por lo tanto, ¿cómo aplicar esta lógica a tus decisiones relativas a los gastos? Cuando te enfrentas a una decisión, como irte de viaje durante tus próximas vacaciones o ahorrar el dinero para más tarde, pregúntate: «¿Preferirías un viaje ahora o dos viajes así dentro de X años?». Aquí tenemos cómo despejar la X. Siempre que dispongas de una cierta cantidad de ingresos (tanto si son 10, 100 o 1000 dólares), puedes elegir. Puedes gastarte el dinero ahora o guardarlo para más adelante. Si te lo guardas, existe la posibilidad de que el dinero crezca, porque a no ser que lo tengas guardado debajo del colchón, lo invertirás en algo (como en el mercado de valores) que te promete un beneficio superior al índice de inflación. Esta tasa de interés ajustada a la inflación recibe el nombre de «interés real».

Cuanto más tiempo permitas que la inversión crezca, con más dinero acabarás: por lo tanto, tras un cierto número de años, tu capital principal (100 dólares, por ejemplo) podría doblarse (200 dólares) o incluso triplicarse (300 dólares). La tasa de interés real varía, pero pongamos, como ejemplo, un crecimiento del 8 % anual (eso es algo superior que el beneficio medio del mercado de valores[8] desde su creación, una vez más después de ajustarlo a la inflación). Con esa tasa, tus 100 dólares se convierten en 147 en 5 años. En 10 años se convierten en 216: mucho más que suficientes para comprarte dos experiencias como las que has pensado comprar ahora.

La pregunta es: ¿deberías esperar 9-10 años para obtener dos experiencias como la que podrías vivir hoy? Eso depende de ti, y tu respuesta dependerá mucho del tipo de experiencia de que se trate, como debería ser. Para que te puedas plantear elegir entre uno ahora o dos más adelante, la experiencia tiene que ser tal que se pueda replicar (los eventos como las bodas y las graduaciones de tus familiares y tus mejores amigos obviamente no pueden repetirse). También deberías pensar en si la experiencia podría, de hecho, ser mejor si la demorases: en ocasiones, al esperar, puedes emplear el dinero extra para comprar una versión significativamente mejor de la misma experiencia. Puedo decirte, por ejemplo, que vivir la experiencia de Las Vegas a los 40 años es mucho mejor que a los 20, asumiendo que tengas significativamente más dinero a los 40 que a los 20 años. Son como dos Las Vegas distintas. No estoy diciendo que alguien de 20 años no debería ir a Las Vegas. Mi argumento es que hay ocasiones para demorar la recompensa, ya que hacerlo te proporcionará más puntos de experiencias de la vida.

Por lo tanto, depende de la experiencia que estés intentando disfrutar, pero, en general, creo que te encontrarás con que si te preguntas «¿Preferiría…?» escogerás, de forma natural, retrasar las experiencias cuando eres joven y evitar las demoras cuando eres mayor. Si tienes 20 años, tu respuesta probablemente será que estás dispuesto a esperar. ¿Por qué? Porque dentro de 10 años es muy probable que conserves gran parte de tu buena salud actual, y dos viajes son mejor que uno. Pero si tienes 70 años es muy posible que no quieras esperar hasta tener 80 años. Tu salud en declive (lo que significa que puede que la experiencia quizás no esté disponible para ti si la demoras) te dice que vivas la experiencia ahora.

---

8. MAVERICK, J. B.: «What Is the Average Annual Return for the S&P 500?», Investopedia, modificado por última vez el 21 de mayo, 2019, www.investopedia.com/ask/answers/042415/what-average-annual-return-sp-500.asp

Por lo tanto, como puedes ver, pensar en términos de «¿Preferiría..?» es muy semejante a pensar en la tasa de interés personal: cuanto mayor te haces, menos dispuesto deberías estar a demorar una experiencia, incluso aunque alguien te pague mucho dinero por ello.

Decidir la máxima realización:
Presentando la aplicación Morir con cero (Die with Zero)

A lo largo de este capítulo he hablado sobre equilibrar el gasto y el ahorro que llevas a cabo durante tu vida. Ya he explicado, en términos generales, que deberías desplazar los gastos a más o menos las edades adecuadas, y comprender los tres factores que más afectan a tu capacidad de disfrutar de tu energía vital: la salud, el tiempo libre y el dinero. Pero si tu objetivo es maximizar el placer a lo largo de tu vida, eso significa averiguar cuánto gastar cada año, y ésa es una cifra que varía dependiendo de las circunstancias individuales.

Para averiguar esa cifra, necesitaba un programa informático que tuviese en cuenta las circunstancias de cada persona y que llevase a cabo un montón de cálculos para determinar el plan óptimo de gastos para esa persona. Me alegra decir que, con la ayuda de un economista, he desarrollado esta aplicación. Pues bien, utilizar esta aplicación no implicará necesariamente que obtengas más de tu energía vital, ya que podrás hacer eso siguiendo los consejos que aparecen a lo largo de todo este libro; pero si quieres alcanzar un nivel incluso más óptimo (si quieres sacarle todo el jugo disponible a tu energía vital), la aplicación te será de ayuda. Para averiguar más cosas sobre la aplicación y acerca de cómo puede ayudarte, consulta el apéndice del libro.

Recomendaciones

- Piensa en tu estado actual de salud: ¿qué experiencias de la vida puedes experimentar ahora que quizás no puedas disfrutar más adelante?

- Piensa en una forma en la que puedas invertir tu tiempo o tu dinero para mejorar tu salud y, por lo tanto, mejorar todas tus experiencias de la vida futuras.

- Aprende a mejorar tus hábitos alimentarios para mejorar tu salud. De los muchos libros sobre este tema, uno que conozco bien y siempre recomiendo es *Comer para vivir: el prodigioso programa nutricional para mejorar la salud y adelgazar rápida y permanentemente*, de Joel Fuhrman (médico).

- Practica muchas más de las actividades físicas con las que ya disfrutas (como bailar o hacer senderismo), que también mejorarán tu disfrute de experiencias futuras.

- Si tu capacidad de disfrutar de las experiencias está más limitada por el tiempo que por el dinero o la salud, piensa en una o dos formas en las que puedas gastar dinero ahora para liberar más cantidad de tu tiempo.

7

EMPIEZA A CATEGORIZAR EL TIEMPO DE TU VIDA

Norma número 7:

Piensa en tu vida como en las distintas estaciones

Cuando mis hijas eran pequeñas, nos encantaba ver *La película de Héffalump* juntos. Creo que es la mejor película para niños que hay: un historia dulce e inocente sobre la amistad. La vimos muchas veces. Pero un día, cuando mi hija pequeña tenía 10 años, le sugerí que la viésemos y, para mi sorpresa, ya no se mostró interesada. De repente, pensó que era demasiado mayor.

Si alguien me hubiese dicho que para esa fecha mi hija querría dejar de ver *La película de Héffalump*, probablemente la hubiera visto con ella muchas veces más. Pero en la vida real rara vez obtienes una fecha exacta de cuándo ya no serás capaz de hacer algo: estas cosas parecen ir desvaneciéndose; y hasta que desaparecen no reflexionas mucho (si es que acaso lo haces) sobre su pérdida gradual. Asumes, de algún modo, que algunas cosas durarán para siempre, pero, por supuesto, no es así. Eso es, desde luego, triste, pero aquí tenemos la buena noticia: el mero hecho de darte cuenta de que no duran para siempre, de que todo acaba por desvanecerse y morir, pude hacerte valorar todo más aquí y ahora.

Este libro se basa en la verdad, pura y dura, de que todos moriremos y que, a medida que envejecemos nuestra salud se deteriorará gradualmente; pero hay otra verdad menos obvia sobre «fallecer» que tiene implicaciones importantes sobre cómo deberías vivir. Todos experimentamos multitud de muertes a lo largo de nuestra vida (lo explicaré en breve). Este capítulo explora las implicaciones prácticas de este proceso universal de pasar de una etapa a la siguiente. Además, este capítulo te proporciona una herramienta (conocida como categorización) para planear tus experiencias de la vida de acuerdo con ello.

Sin unos momentos finales claros

Mi experiencia con *La película de Héffalump* no es más que un ejemplo. Durante muchos años viví la vida de un papá que ve la película favorita de sus hijas rodeado de ellas; pero entonces, un día, esa etapa de mi vida y de la suya había acabado. Sigo aquí, por supuesto, y todavía puedo disfrutar de otras experiencias con mis hijas (ver sus partidos de fútbol y recitales de danza, por ejemplo, y llevarlas de viaje), pero algún día crecerán y esta versión de mí también desaparecerá.

Del mismo modo, pero por razones debidas a mi propio envejecimiento inevitable, habrá, al final, una última vez en la que iré a practicar surf, y una última vez en la que participaré en un torneo de póquer, y una última vez que podré subirme a un avión y volar a algún lugar exótico. Algunas de estas experiencias finales llegarán antes que otras, pero llegarán, indudablemente, en algún momento en el futuro (con suerte) lejano.

No estoy intentando ser morboso, ni pretendo presentar las cosas de una forma triste y pesimista. Mi argumento (y esto es importante) es que el día que fallezca y el que deje de poder disfrutar de ciertas experiencias son dos fechas distintas; y esto se aplica a todos nosotros.

Esto es lo que quiero decir cuando menciono que experimentamos muchas muertes en el transcurso de la vida: el adolescente en ti muere, el estudiante universitario muere, tu yo soltero y sin compromisos muere, la versión de ti que es padre de un niño pequeño muere, etc. Cada vez que se produce una de estas minimuertes, no hay vuelta atrás. Puede que «muere» suene un poco duro, pero ya captas la idea. Todos seguimos avanzando, progresando desde una etapa o fase de nuestra vida a la siguiente. Es tanta muerte y fatalidad…, lo sé, pero el aspecto positivo es que tenemos muchas vidas que vivir, disfrutar y maximizar.

El reto de la maximización de estas vidas no consiste sólo en que no haya marcha atrás. Recuerda tus propias experiencias pasadas. ¿Cuándo fue la última vez que saliste y jugaste con tus amigos de la infancia? ¿Cuándo fue la última vez que hablaste con un profesor querido antes de que falleciese? Incluso aunque puedas recordar la fecha exacta, probablemente no la supieses de antemano. Al contrario que los años escolares y las vacaciones, los finales de la mayoría de los períodos de nuestra vida van y vienen sin hacer mucho ruido. Puede que los períodos se superpongan, pero tarde o temprano cada uno de ellos llega a su fin.

Debido a este carácter finito de todas las fases transitorias de la vida, puedes demorar algunas experiencias hasta un cierto punto antes de que la ventana de oportunidad relativa a ellas se cierre para siempre. La mejor analogía en la que puedo pensar es en una serie de distintas piscinas, del tipo del que disponen algunos grandes centros turísticos: suele haber una piscina poco profunda para los niños pequeños, una con un tobogán de agua para los niños mayores y los adolescentes, una piscina sólo para adultos, quizás hasta una piscina para practicar la natación y una piscina sólo para gente mayor. Pues bien, puedes ir a cada piscina durante el tiempo que desees, pero sólo si sigues las normas concretas de cada una de ellas.

Por lo tanto, si no has aprendido a nadar para cuando seas demasiado grande como para la piscina de los niños pequeños, puedes ir a la de los adolescentes, y más adelante a la de los adultos, pero si ya no eres un adolescente, ya no podrás tirarte por el tobogán. No importa lo buen nadador que seas o lo mucho que lamentes haber tenido miedo al tobogán cuando eras más joven. Del mismo modo, en la vida real puedes demorar de forma segura algunas experiencias para un período futuro: si no haces ciertos viajes ni te dedicas a ciertas actividades físicas en tu veintena, quizás puedas seguir llevándolos a cabo en tu treintena, pero esta capacidad de transferir actividades físicas de una época a otra es limitada. De hecho, es más limitada de lo que mucha gente parece percatarse cuando retrasa y retrasa las cosas. Algunas personas actúan como si tuvieran acceso a la piscina de los niños pequeños y a la de los adolescentes toda su vida, o que toda su vida va a ser una gran piscina que pueden usar en cualquier momento;

pero el tiempo pasa y se encuentran en la piscina para la gente de la tercera edad y se preguntan cómo han acabado allí.

Una vida libre de arrepentimientos

¿Entiendes lo que estoy diciendo? El problema de enfrentarse a la gratificación demasiado demorada y el arrepentimiento resultante no sucede sólo una vez al final de la vida de alguien. Más bien puede darse en cada período durante tu vida: desde la del adolescente empollón que se perdió toda la diversión en su época en el instituto haciendo demasiados sacrificios por el bien de un futuro, supuestamente más brillante, hasta el padre de mediana edad que se saltó experiencias irrepetibles con sus hijos quinceañeros debido al constante ajetreo por conseguir un ascenso tras otro en su trabajo. A veces la gente se da cuenta de su error justo antes de que la ventana de oportunidad se cierre (como cuando los hijos se están preparando para abandonar el nido) y, en ocasiones, la gente lo comprende cuando es demasiado tarde para poner algún remedio a no ser que piense en hacerlo mejor en la siguiente etapa de su vida. Sin embargo, lo más triste es cuando la comprensión no se da hasta que te enfrentas a tu propia mortalidad, cuando ya es demasiado tarde para cambiar nada y no puedes hacer otra cosa que no sea las paces con tu pasado.

Para aquellos de nosotros que todavía disponemos de tiempo para hacer cambios y ajustes, puede resultar revelador e incluso motivador leer u oír acerca de los arrepentimientos de otras personas en su lecho de muerte.

Por supuesto, muchos de éstos son específicos de cada persona, pero si escuchas docenas de historias de los arrepentimientos de la gente en su lecho de muerte tienden a surgir patrones comunes. Una mujer australiana llamada Bronnie Ware, cuyo trabajo como cuidadora que proporcionaba cuidados paliativos la situaba en el lecho de muerte de pacientes a los que les quedaban semanas de vida, hablaba con ellos sobre lo que desearían haber hecho de forma distinta en su vida, y encontró cinco arrepentimientos clave que surgían con más frecuencia que cualquier otro. Tal y como describe en un popular artículo *online* y en un libro posterior, los dos arrepentimientos más comunes[1] son los que resultan más relevantes para mi mensaje.

El primer lamento de sus pacientes consistía en haber deseado tener la valentía para vivir una vida más honesta consigo mismos, en oposición a la vida que los demás esperaban de ellos. Es un arrepentimiento sobre no perseguir tus sueños y, por lo tanto, haber permitido que no se hiciesen realidad. Si ignoras lo que de verdad valoras en la vida y, en lugar de ello, sigues un camino que el resto de la gente que te rodea te impone, te arriesgas a sufrir un verdadero arrepentimiento al final de tus días. En la sociedad estadounidense, que valora tan frecuentemente el trabajo duro y ganar dinero en detrimento de otros valores importantes (el ocio, la aventura y las relaciones personales), parece lógico que las personas lleguen al final de su vida deseando de verdad no haber hecho este tipo de sacrificio. Tal y como dice el viejo dicho: «Nadie se arrepiente nunca de no haber pasado más tiempo en la oficina».

Siguiendo con el argumento, el segundo arrepentimiento (y, de hecho, el mayor lamento entre los pacientes varones de Ware) fue el siguiente: «Desearía no haber trabajado tan duro». Eso da justo en el blanco de lo que estoy diciendo. «Todos los hombres de los que cuidé lamentaron muy amargamente haber perdido tanto tiempo de su vida en la rutina de una existencia dedicada al trabajo», escribe Ware. Las mujeres también expresaron este arrepentimiento, pero tal y como señala Ware, sus pacientes pertenecían a una generación anterior, en la que menos mujeres trabajaban fuera de su hogar. Y cuando la gente dice que lamenta haber trabajado duro no se refiere al trabajo duro de criar a los hijos, sino que habla de trabajar para ganarse la vida para pagar las facturas y, como resultado de ello, perderse «la juventud de sus hijos y la compañía de su pareja».

Ahora respiremos hondo. Reconozco que toda esta reflexión sobre la muerte y los arrepentimientos en la vida suena muy deprimente. Soy consciente de que intentando despertar la conciencia sobre lo que

---

1. WARE, B.: *The Top Five Regrets of Dying: A Life Transformed by the Dearly Departing.* Hay House, Carlsbad (California), 2012, www.amazon.com/Top-Five-Regrets-Dying-Transformed/dp/140194065X. (Trad. cast.: Los cinco mandamientos para tener una vida plena. Debolsillo: Barcelona, 2013).

acabarás perdiendo para siempre, te estoy provocando un tipo de pena anticipatoria; pero lo creas o no, pensar en la pérdida inminente puede, de hecho, hacerte más feliz. Un experimento de lo más revelador con estudiantes universitarios de primer año nos muestra el porqué.

Un equipo de psicólogos le pidió a un grupo de estudiantes jóvenes que imaginara que se mudaría lejos en treinta días, y les solicitó que planearan sus siguientes treinta días de acuerdo con ello: sería la última oportunidad de los estudiantes, durante mucho tiempo, de disfrutar de todas las personas y los lugares especiales que les habían llegado a gustar en la universidad. En pocas palabras, se apremió a los estudiantes a saborear el tiempo que les quedaba en el campus. Entonces, cada semana durante ese mes, los investigadores les pidieron que anotaran sus actividades.

En contraste, a otro grupo de estudiantes universitarios de primer año no se les pidió que imaginasen nada ni que hiciesen ningún tipo de cosa para saborear sus días: simplemente tenían que realizar un seguimiento de sus actividades diarias. ¿Adivinas lo que sucedió? Tal y como podrás imaginar, los estudiantes del primer grupo fueron más felices al final de los treinta días que los del segundo. Tanto si hicieron más cosas como si tan sólo consiguieron obtener más placer[2] de lo que hicieran a diario, el simple hecho de pensar deliberadamente en su tiempo como algo limitado les resultó de ayuda.

¿Cuál es la moraleja? Ser consciente de que tu tiempo es limitado puede motivarte para sacarle el máximo provecho.

Todos hemos experimentado alguna versión de este efecto al irnos de vacaciones a algún lugar nuevo. Como turistas, sabemos muy bien que sólo disponemos de una semana (o del tiempo que sea) en nuestro destino, por lo que el viaje planeamos con antelación para asegurarnos que podremos ver tantos monumentos, hacer excursiones, actividades y otras experiencias singulares del lugar que estamos visitando como podamos. Si estamos visitando a amigos, nos aseguramos de pasar mucho tiempo con ellos e intentamos saborear cada momento. En otras

2. Layous, K.; Kurtz, J.; Chancellor, J. y Lyubomirsky, S. (2018): «Reframing the Ordinary: Imagining Time as Scarce Increases Well-Being», *Journal of Positive Psychology*, vol. 13, pp. 301-308, doi:10.1080/17439760.2017.1279210.

palabras, hacemos un esfuerzo pleno y consciente para tratar nuestro tiempo como el recurso escaso que es.

Pues bien, eso suele ser muy diferente de lo que hacemos cuando regresamos a casa, donde es mucho más probable que no valoremos las atracciones cotidianas y rutinarias. No es sólo que estemos ocupados con otras responsabilidades diarias acuciantes, pese a que sea cierto que lo estamos y que sería poco realista vivir tu vida como si siempre estuvieses de vacaciones. Pero es mucho más que eso: también sucede que la mayoría de la gente tiene la sensación de que no hay un apremio con respecto al tiempo cerca de su hogar. Actúan como si siempre fuesen a poder visitar ese museo o esa playa cercana o a ese amigo. Como resultado de ello, pasamos muchas de nuestras tardes viendo la televisión, y malgastamos nuestros fines de semana. En pocas palabras, cuando algo parece abundante e inagotable, lo cierto es que no siempre lo valoramos; pero la verdad, por supuesto, es que el tiempo del que puedes disfrutar en cada fase de tu vida no es tan abundante y, ciertamente, no es ilimitado.

Al contrario que otros temas que aparecen en este libro, la idea de disponer de un número finito de fases y que cada una de ellas tenga un número finito de días no tiene nada que ver con el dinero. Sí, las experiencias concretas de las que puedes disfrutar en cada período de tiempo sí que tienen que ver con el dinero, pero la realidad y las implicaciones de estos períodos finitos no. Todo el mundo dice cosas como: «Siempre he querido hacer senderismo por tal o cual ruta» o «Siempre he querido llevar a mis hijos a tal o cual lugar». Hay experiencias así para todos los bolsillos. Permíteme que te sugiera una herramienta para despertar la conciencia sobre estas fases de tu vida para ayudarte a planear las experiencias que quieres disfrutar y, por lo tanto, ayudarte a evitar los retrasos excesivos.

Aprende de tus «categorías o cubos de tiempo»

Los grupos o cubos de tiempo son una herramienta sencilla para descubrir qué aspecto quieres que tenga tu vida a grandes trazos. Aquí te expongo lo que te recomiendo que hagas. Traza la línea temporal de tu vida desde ahora hasta tu muerte y luego divídela en intervalos de 5-10 años. Cada uno de esos intervalos (digamos de los 30 a los 40 años, o de los 70 a los 75) es un cubo de tiempo, lo que consiste en una categoría o grupo aleatorio de años.

Luego piensa acerca de qué experiencias clave (actividades o eventos) quieres disfrutar durante tu vida. Todos tenemos sueños en la vida, pero he visto que, de hecho, es extremadamente útil *anotarlos en una lista*. No tiene por qué ser una lista completa, ya que, en realidad, no puedes saber en este preciso momento todo lo que querrás hacer porque, como sabes, las nuevas experiencias y personas a las que conozcas tienden a revelar intereses adicionales inesperados que querrás llevar adelante. La vida consiste en descubrir cosas, y también repasarás esta lista más adelante en tu vida.

Pero estoy seguro de que ya dispones de algunas ideas sobre qué experiencias te gustaría vivir en un momento dado, quizás más de una vez. Puede que, por ejemplo, quieras tener un hijo, correr el maratón de Boston, hacer senderismo en el Himalaya, construir una casa, registrar una patente, fundar una empresa, trabajar como voluntario para Médicos sin Fronteras, comer en un restaurante con estrella Michelin, asistir al festival de cine de Sundance, ir a esquiar cincuenta veces, ir a la ópera, hacer un crucero por Alaska, leer veinte novelas clásicas, ir a la Super Bowl, competir en un torneo de Scrabble, visitar Yellowstone, ver el otoño en Vermont, llevar a tus hijos a Disneylandia tres veces, etc. Ya captas la idea. Sé tan creativo como desees.

Tu lista consistirá en la propia expresión singular de quién eres, porque tus experiencias en la vida son las que hacen que seas quién eres. Punto clave: mientras redactas tu lista, no te preocupes del dinero ya que en este momento el dinero no es más que una distracción del objetivo general, que consiste en imaginar qué aspecto *quieres* que tenga tu vida.

Entonces, una vez que dispongas de tu lista de cosas, empieza a colocar cada una de las actividades deseadas en los cubos concretos, basándote en cuándo disfrutarías, idealmente, de cada experiencia. Si, por ejemplo, quieres ir a esquiar cincuenta veces en tu vida, ¿durante qué décadas o cubos de tiempo de 5 años te gustará disfrutar de esas jornadas de esquí? Una vez más, no pienses todavía aquí en el dinero:

en lugar de ello piensa en el momento de tu vida en el que de verdad te gustaría disfrutar de cada experiencia.

Algunas de estas decisiones relativas a la categorización serán más fáciles que otras. De hecho, probablemente, ya tengas alguna idea sobre algunas de las maravillosas experiencias de las que te gustaría disfrutar a lo largo de tu vida. En cuanto a las otras cosas incluidas en tu «lista de deseos», siempre puedes, por ejemplo, viajar a un lugar lejano; pero tal y como hemos apuntado, es más fácil viajar en tu cuarentena o cincuentena que durante tu setentena o cuando eres octogenario. La idea es que hoy es el momento de empezar a pensar activa y conscientemente y en planear para los años que te quedan por delante.

Llenando tus cubos de tiempo

Mientras categorizas el tiempo de tu vida, repartes una lista singular de experiencias en secciones distintas y diferentes de tu vida.

En general, el enfoque de los cubos de tiempo hará que empieces a darte cuenta de que algunas experiencias es mejor disfrutarlas a ciertas edades. Escalar montañas y asistir a conciertos musicales con la música a todo trapo son más divertidas cuando eres joven. No es de sorprender que las actividades más exigentes desde el punto de vista físico tiendan a encontrarse a la izquierda (edades más jóvenes) de la línea temporal.

Probablemente no esquíes mucho a los 80 años. Sí, algunas personas corren el maratón de Boston en su setentena, y una mujer llamada Katherine Beiers, que estaba especialmente en buena forma, completó la carrera cuando tenía 85 años, pero, por supuesto, son un caso aparte; e incluso en el caso de Beiers, el maratón que corrió a los 85 años no fue su primero, sino su decimocuarto.

Hay un tiempo para todo: Los cubos de tiempo frente a la lista de deseos de cosas que hacer antes de morir

A medida que lleves a cabo este ejercicio de los cubos, llegarás a ver por ti mismo que existe una razón para todo. Dicho esto, quizás empieces a notar que algunas experiencias deseadas entran en conflicto con otras; o puede que te des cuenta de que algunas de las actividades que quieres llevar a cabo no sucederán a menos que empieces a planearlas ahora.

Y para aclarar las cosas: esta lista es lo contrario a la llamada lista de cosas que hacer antes de morir, que suele consistir en un único recuento de todas las cosas que esperas hacer antes de criar malvas. La más tradicional lista de cosas que hacer antes de morir suele redactarla una persona mayor que, al verse enfrentada a su mortalidad, empieza a sacar una lista de actividades y ocupaciones que no sólo no ha llevado a cabo todavía, sino que se siente obligado a hacer rápidamente, antes de que el tiempo se agote.

En contraste, al dividir los objetivos en cubos de tiempo estás asumiendo un enfoque más proactivo en tu vida. En efecto, estás mirando de aquí a varias décadas por delante y estás intentando planear las distintas actividades, eventos y experiencias que te gustaría disfrutar. Los cubos de tiempo son proactivos y te permiten planificar tu vida y, por otro lado, una lista de cosas que hacer antes de morir supone un esfuerzo mucho más reactivo en una súbita carrera contra el tiempo.

Pues bien, puede que percibas, mientras llenas tus cubos de tiempo, que algunas experiencias son más flexibles que otras. Puedes, por ejemplo, seguir disfrutando de ir a bibliotecas, ver películas clásicas, leer novelas y jugar al ajedrez hasta bien entrada tu ancianidad. Irte de crucero es algo de lo que puedes disfrutar prácticamente a cualquier edad.

Pese a ello, a medida que empieces a llenar tus cubos, probablemente verás que las experiencias de las que quieres disfrutar en la vida no se distribuyen de forma homogénea a lo largo de las distintas épocas.

En lugar de ello tienden a agruparse de forma natural durante ciertos períodos, tomando, aproximadamente, el aspecto del lado derecho de una curva en forma de campana (*véase* la figura inferior).

Mientras sigas ignorando el factor dinero y te sigas concentrando en tu salud y tu tiempo libre, esa campana probablemente se desplazará hacia la izquierda, ya que querrás vivir la mayoría de tus experiencias (sobre todo aquellas que impliquen actividades físicas exigentes) cuando estés en la cima de tu salud para disfrutarlas y antes de que te veas limitado por las exigencias propias de la paternidad/maternidad. Si tu plan de vida incluye hijos, las experiencias que querrás vivir con ellos se agruparán algo más tarde, probablemente generando un pico alrededor de tu treintena y cuarentena. Una vez más, todo eso es cierto incluso aunque no tengas en consideración el coste de las experiencias.

Experiencias agrupadas en tu veintena frente a las distribuidas más tradicionalmente alrededor de la mediana edad

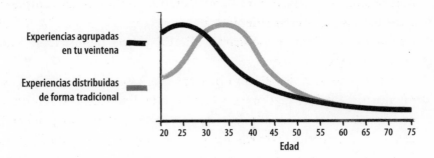

Sin la limitación del dinero, la mayoría de tus experiencias se daría, de forma óptima, en tu veintena y treintena, cuando tu salud es la mejor, pero, en realidad, y en lugar de ello, los gastos de la mayoría de la gente están agrupados alrededor de la mediana edad.

De acuerdo. Recuerda que nos hemos estado centrando en sólo dos componentes clave de tus cubos de tiempo: tu salud física y los sueños de tu vida. Hemos apartado deliberadamente las preocupaciones económicas, porque siempre es demasiado fácil enviar al cuerno tus sueños diciendo: «Suena realmente bien, pero asumámoslo, pero no puedo permitírmelo». Centrarte en el dinero te distrae de la cruda verdad de que el tiempo y la salud son efímeros.

Pero las preocupaciones económicas son reales, así que sigue leyendo hasta llegar al próximo capítulo, donde hablaremos sobre cómo asegurarte de que no pierdes la oportunidad de gastarte tu dinero mientas sigas teniendo el tiempo de tu lado.

Recomendaciones

- Si el categorizar el tiempo de toda tu vida te parece un tanto agobiante, haz el ejercicio tomando tres cubos de tiempo que cubran los siguientes 30 años. Siempre puedes añadir más cubos de tiempo a tu lista: simplemente, hazlo mucho antes de que tu edad y salud se conviertan en un factor real.

- Si tienes hijos, piensa en tu propia versión de *La película de Héffalump*: ¿Qué experiencia quieres disfrutar más veces con ellos en el próximo año o dos, antes de que esa fase de su vida y de la tuya haya pasado?

8

CONOCE TU CIMA

Norma número 8:
Cuándo dejar de hacer crecer tu riqueza

Hace poco celebré mi quincuagésimo cumpleaños. Ciertamente, me lo pasé en grande ese día, pero, de hecho, no fue la mejor fiesta de mi vida. Mi fiesta más grande, la mejor, se dio 5 años antes, después de que me dispusiera a planear la celebración más memorable de mi cuadragésimo quinto cumpleaños que pudiera permitirme. La idea era reunir a todos mis familiares y a los amigos de todas las etapas de mi vida y darles a conocer uno de mis lugares favoritos del mundo: la serena y hermosa isla caribeña de San Bartolomé, donde mi mujer y yo habíamos pasado nuestra luna de miel.

Pese a que cumplir 45 años es tan sólo un hito medio, sabía que no quería esperar hasta los 50 años para disfrutar de esa experiencia: mi madre ya era mayor y quería que pudiera volar y disfrutar plenamente de la celebración (mi padre ya estaba debilitado y no podía viajar, por lo que era todavía más importante que mi madre asistiese). Además, mis amigos tampoco iban a volverse más jóvenes. Quién sabía si habría otra posibilidad de reunir a toda esta gente. Ése fue el cubo de tiempo correcto, y estaba decidido a hacer que la fiesta se convirtiese en realidad. Quería tener este recuerdo importante y único durante el resto de mi vida.

Por supuesto, eso iba a costar algo de dinero. Afortunadamente, en ese momento, mediante un poco de habilidad y una enorme cantidad de suerte en mi trabajo como inversor en el campo de las empresas energéticas, me estaba yendo bien económicamente. Pero sé que el dinero es una preocupación para todos, y muchas de las personas a las que quería invitar, incluyendo a amigos de la niñez y de la universidad, no podían permitirse volar a San Bartolomé y pagar por una habitación en el recóndito hotel en el que había puesto los ojos. La gente con la que compartes experiencias afecta, de verdad, a la calidad de la experiencia, y en ningún lugar eso es más cierto que en un suceso que se da una vez en la vida. Por lo tanto, sabía que si quería disfrutar de este tipo singular de celebración de cumpleaños iba a tener que dar un paso al frente y pagar para que muchos de mis invitados asistiesen.

Pese a ello, mi riqueza es finita, como la de cualquier otro, y mientras empezaba a hacer números, me enfrenté a mis límites. Llevar a cabo ese tipo de celebración me costaría una gran porción de mi patrimonio neto líquido. ¿Era realmente una buena idea gastar esa cantidad de dinero en sólo una semana, independientemente de lo maravillosa que acabase resultando esa semana?

Todos nos enfrentamos a alguna versión de esta pregunta siempre que pensamos en una compra importante. Por supuesto, la cantidad económica varía entre cada persona, frecuentemente en órdenes de magnitud, pero la pregunta central es la misma para todos nosotros: ¿cuál es la mejor forma de gastar nuestro dinero para alcanzar el máximo disfrute y para generar la máxima cantidad de recuerdos?

Ahora ya sabes alguna de mis respuestas a esta pregunta: invierte en experiencias que den como resultado memorias duraderas, recuerda que la salud de todos se deteriora con la edad, dales tu dinero a tus hijos antes de morir en lugar de ahorrar para su herencia, y aprende a equilibrar el disfrute actual y la recompensa posterior. Pero, pese a que creo firmemente en estos principios, la fiesta de mi cuadragésimo quinto cumpleaños me proporcionó una pausa: tuve que hablar conmigo mismo acerca del obstáculo psicológico de gastarme una fortuna en una fiesta única de una semana de duración, por muy memorable que fuese a ser. Tuve que decirme, una y otra vez, que nunca iba a volver a cumplir 45 años y me pregunté cuándo (cerca del trance de mi funeral, en algún momento del futuro) volvería a reunir a todas las personas más importantes de mi vida. Pese a ello, una vez que superé ese obstáculo psicológico, estuve completamente implicado y lo di todo para crear la mejor fiesta que mi dinero pudiese comprar.

La fiesta de toda una vida

Alquilé el remoto hotel Taïwana, situado frente al mar, en una playa de arena blanca en la bahía más grande de la isla: 22 habitaciones y suites. Para alojar a todo el mundo también reservé varias habitaciones en el igualmente imponente hotel de al lado, el Cheval Blanc. Pagué los vuelos de docenas de invitados. Además, organicé excursiones en barco, picnics, comidas y espectáculos nocturnos: una velada se trató de una noche de sushi y karaoke, y otra noche fue una sesión de *rhythm and blues* de la vieja escuela.

Además, estuvo Natalie Merchant. Cuando vivía en Nueva York y tenía veintitantos, cuando estaba comenzando y compartiendo un diminuto apartamento con un compañero de piso, él y yo solíamos escuchar *Tigerlily*, el álbum de 1995 de debut en solitario de Merchant. Me encantaba ese álbum, y sabía que el estilo lírico dulce de la antigua cantante del grupo 10 000 Maniacs crearía el ambiente perfecto para una noche especial, y que sería un éxito para todos, desde mi madre hasta los amigos con los que había crecido en Jersey City. Por lo tanto, concerté, con los representantes de Merchant, traerla a la isla para un concierto privado, diciéndole sólo a mis invitados que tendríamos a una invitada especial.

La noche del concierto fue tan maravillosa como podrías imaginar. Recuerdo abrazar a mi mujer y escuchar la música y a Merchant explicando la historia sobre cómo había compuesto una de las canciones, y también recuerdo beber champán como loco. Además, fue un placer ver a mi madre charlando con la gran cantante. Pero no sólo ese concierto fue increíble: nunca cambiaría nada de ese viaje.

Imagínatelo: estás bajando de tu habitación a la preciosa playa en un día soleado, con unas suaves olas rompiendo, y dondequiera que mires todo lo que ves es a tus seres queridos. Ves a tu mejor amigo de la universidad, y paseando un poco más entrevés a tu mejor amigo de tu etapa laboral. Tu madre sale de su cabaña. Ves a otros amigos íntimos en su terraza o al lado de la piscina, y todos están impresionados por la belleza que hay a su alrededor; y todos están felices. Créeme, compartir esa experiencia común fue la mejor sensación de mi vida. De hecho, en algún momento tuve el siguiente pensamiento: «Puede que éste sea el aspecto que tiene el cielo». Ese sentimiento acudió a mí una y otra vez. La semana fue genial desde todos los puntos de vista, y nunca la olvidaré, por lo menos no hasta que mi cerebro deje de funcionar.

A fecha de hoy, las personas que hay en mi vida siguen hablando de esa semana, y con bastante frecuencia ocurre alguna cosa que me recuerda esa maravillosa fiesta, y todos esos sentimientos gloriosos siguen acudiendo una y otra vez. Revivir esos días y noches en mi mente me hace sentir tan bien como estar allí. Estoy convencido de que, al final de mi vida, mi alegría procederá de mis recuerdos, y ese viaje a San Bartolomé estará muy cerca de la parte superior de la lista.

Ésa es la razón por la cual no siento ningún arrepentimiento por la cantidad demencial de dinero que me gasté en esa semana, ni por no esperar hasta mi quincuagésimo cumpleaños para disfrutar de la fiesta de mi vida. De hecho, para cuando se produjo mi quincuagésimo cumpleaños, mi padre había fallecido y, lamentablemente, la salud de mi madre se había deteriorado bastante. Mi hermano y mis dos hermanas estuvieron allí, pero muchos de mis amigos no pudieron estar presentes en esta ocasión. Desde mi punto de vista, había supuesto una muy buena decisión darme ese capricho en esa extraordinaria reunión 5 años antes.

O... podría no haberme dado el capricho de celebrar esa lujosa fiesta cuando cumplí los 45 años. En lugar de ello podría haber celebrado mi cumpleaños fijándome únicamente en los ahorros mensuales procedentes de mis inversiones y en mis declaraciones de la renta, pero ¿qué tipo de recuerdo sería ése?

Fíjate, muchos de nosotros somos propensos a demorar la recompensa y ahorrar para el futuro, y la capacidad de retrasar la gratificación nos resulta de gran ayuda. Ser capaz de llegar puntual al trabajo, pagar las facturas cotidianas, cuidar de nuestros hijos, llevar comida a la mesa: ésos son los aspectos esenciales en la vida; pero, de hecho, demorar la gratificación es útil sólo hasta cierto punto. Si te matas demasiado a trabajar cada día, corres el peligro de despertarte una mañana y darte cuenta de que quizás hayas demorado demasiado las cosas. Además, en el caso extremo, una recompensa retrasada indefinidamente implica no disfrutar de ningún premio en absoluto. Por lo tanto, ¿en qué momento es mejor no demorar?

Hay un par de formas de contestar a esa pregunta. Una es el *año a año*, tal y como mostraba el capítulo 6 («Equilibra tu vida»): a lo largo de tu vida, debes equilibrar tus gastos en el presente con tus ahorros para el futuro. El equilibrio óptimo varía de un año a otro porque tu salud y tus ingresos es posible que cambien cada año.

La otra forma de contestar a la pregunta del equilibrio óptimo consiste en fijarte en los ahorros de toda tu vida en su conjunto, y cómo hacer eso es el objetivo de este capítulo. Pues bien, esta no es la forma en la que la mayoría de la gente piensa en gastar y ahorrar, por lo que permíteme que explique lo que quiero decir.

En primer lugar, piensa en todo lo que posees ahora, desde tu casa hasta tu colección de cromos de béisbol, desde el valor de tus inversiones en la bolsa hasta el dinero que tienes en tu cartera. Éstos son todos tus activos. Si tienes alguna deuda, como préstamos estudiantiles, una hipoteca o préstamos para un coche, entonces suma todos esos préstamos y resta esa cantidad de tus activos totales. Lo que te quede es tu patrimonio neto: lo que tienes menos o que debes. Suena familiar, ¿verdad? El patrimonio neto es un concepto básico, y nos hemos referido a él cuando nos hemos fijado en los datos que mostraban que el patrimonio neto de los estadounidenses tiende a aumentar con la edad. Si has comprendido este concepto, ya entenderás el siguiente argumento importante, que es que el patrimonio neto de una persona no es el mismo a lo largo de toda su vida.

Ésa es una idea clave para comprender el argumento central: tu patrimonio neto tiende a cambiar a lo largo de tu vida. Así es en el caso de la mayoría de la gente: durante buena parte de tu vida, especialmente cuando estés empezando, te estás gastando el dinero que ganas en ese momento. En esa etapa temprana de la vida, no aumentas tu patrimonio neto. Si vives en un apartamento de alquiler, tienes una alta deuda estudiantil y todavía no ganas lo suficiente para amortizarla, tendrás un patrimonio neto negativo, porque debes más de lo que tienes.

Pero al amortizar todos esos préstamos estudiantiles (y asumiendo que tus ingresos crezcan más rápido que tus gastos) empezarás, normalmente, a ahorrar dinero, lo que significa que tu patrimonio neto pasará de negativo a positivo; y se volverá cada vez más positivo a lo largo del tiempo: si permaneces empleado de forma remunerada, por lo general seguirá aumentando, independientemente de si el crecimiento es lento o rápido. No estoy diciendo que así es como debería ser, sino que así es como suele suceder. Digamos que tu patrimonio neto a los 25 años es de 2 000 dólares y que luego, a los 30 años es de 10 000 dólares. Para cuando cumplas los 35 años lo más probable es que consista en una cifra superior a los 10 000 dólares, y que normalmente sea superior a esa cifra a los 40 años y todavía mayor a los 45. Las estadísticas sobre el patrimonio neto de los hogares (de acuerdo con la edad del cabeza de familia) muestran esta tendencia.

O fíjate en los índices de propiedad de vivienda,[1] ya que ser el dueño de tu casa es una forma común de forjar riqueza. (Quizás no pienses en tu vivienda de la misma forma en la que piensas en el dinero en el banco, pero no se puede negar que tener una casa incrementa tu patrimonio neto). Mientras alrededor de sólo el 35 % de los estadounidenses menores de 35 años es el propietario de su casa, el índice de propiedad de vivienda de los estadounidenses de 35-44 años es de casi el 60 %, y alcanza el 70 % para los estadounidenses en el rango de edad de 45-54 años. Es incluso más alto a medida que la gente se hace mayor.

Pero estas estadísticas básicas sólo describen lo que la gente está haciendo actualmente con respecto a su patrimonio neto, y no lo que debería estar haciendo si su objetivo es el maximizar el disfrute a lo largo de su vida. Así pues, ¿qué deberías hacer?

Aquí es donde mi consejo diverge de lo que hace la mayoría de la gente: deberías encontrar ese momento especial en tu vida en el que tu patrimonio neto sea *el mayor que será nunca*. Llamo a ese punto la cima de tu patrimonio neto o, simplemente «tu cima».

---

1. Moore, D.: «Homeownership Remains Below 2006 Levels for All Age Groups», United States Census Bureau, 13 de agosto, 2018, www.census.gov/library/stories/2018/08/homeownership-by-age.html

¿Por qué tendría que haber una cima? ¿Por qué no puede tu patrimonio neto seguir aumentando? En primer lugar, recuerda que, desde mi punto de vista, tu mayor objetivo es el de maximizar tu disfrute a lo largo de tu vida: convertir la energía de tu vida en tantos puntos en forma de experiencias como puedas. Hacer eso requiere averiguar la distribución óptima de tu dinero y tu tiempo de ocio en las edades adecuadas, dada la inevitabilidad de la salud en declive y, finalmente, la muerte. Como resultado de ello, algunos años necesitarás ahorrar muy poco dinero (de modo que puedas gastar más en las experiencias importantes), mientras que durante otros deberías ahorrar más (de modo que dispongas de más dinero para disfrutar de más experiencias, o mejores, más adelante).

Pero existe una razón todavía más importante para una cima del patrimonio neto: tu objetivo es morir con cero. Si tu patrimonio neto sigue aumentando, creciendo desde tu sesentena y setentena y más allá, entonces no habrá forma de que fallezcas con cero. Por lo tanto, en algún momento, debes empezar a echar mano de los ahorros de tu vida. Si no lo haces, acabarás con dinero sin gastar, lo que significará que no habrás adquirido tantos puntos en forma de experiencias como podrías haber disfrutado. Ésa es la razón por la cual digo que tu patrimonio neto alcanza un nivel en el que es el más elevado que debería ser nunca, tras el cual debes empezar a gastártelo en experiencias mientras puedas seguir extrayendo mucho disfrute de ellas. Ese momento es, en efecto, tu cima o pico.

No puedes dejar la elección del momento oportuno de la cima al azar: para sacarle todo el jugo a tu dinero y tu vida, debes determinar deliberadamente la fecha de tu cima o momento óptimo. Más adelante en este capítulo te proporcionaré algo de orientación sobre cómo conocer y precisar esa fecha.

Pero ¿dispondrás de suficiente dinero para arreglártelas?

Antes de empezar a pensar en gastarte el dinero, debes asegurarte de que dispones de una cantidad suficiente para arreglártelas durante el resto de tu vida. Ésa es una advertencia importante, porque mucha gente no está ahorrando lo suficiente para su jubilación. Aunque quiero apremiar a todos para que maximicen sus experiencias, no quiero incentivar el gasto irresponsable. Pensar en tu cima como en una fecha (y no como en una cifra) es un buen consejo sólo para la gente que ha alcanzado un cierto umbral de ahorros.

Incluso entonces, recuerda que estoy basando estas recomendaciones en mi propio modelo de lo que constituye una vida satisfactoria. No soy un asesor financiero, y si te inspiro a pensar de forma diferente sobre cómo gestionar tu dinero es una buena idea que primero calcules los detalles de tu situación personal con un profesional, como un planificador financiero o un contable titulado.

Tras verme libre de esta responsabilidad, permíteme que te explique cómo enfoco y pienso acerca del umbral de ahorros. El umbral del que estoy hablando (la cantidad mínima que debes ahorrar) es una cifra, pero, tal y como comprobarás en un momento, esa cifra podría muy bien ser inferior a la que los ahorradores diligentes tienen planeado ahorrar. Eso se debe a que el umbral está basado en evitar el peor de los casos (que te quedes sin dinero antes de fallecer). Se trata de la cantidad de dinero que necesitas haber ahorrado *para sobrevivir* sin ninguna otra fuente de ingresos. Una vez que alcances este umbral, no necesitarás trabajar por dinero y podrás empezar a echar mano, con cuidado, de tus ahorros.

Así pues, ¿cuál es este umbral? No consiste en la misma cifra para todo el mundo, ya que el coste de la vida varía según el lugar en el que vivas, entre otros factores. Por otro lado, si estás manteniendo a otras personas, además de a ti mismo, es obvio que necesitarás más ahorros que si estás tú solo; pero en el caso de todo el mundo, el umbral de supervivencia se basa tanto en tu coste de la vida como en el número de años que esperas vivir a partir de hoy.

Pongamos un ejemplo. Asumamos que tu coste de supervivencia anual es de 12 000 dólares. Ésa es una cifra realmente baja; pero estoy usando este ejemplo no para decirte, concretamente, cuánto necesitarás, sino para explicarte la idea de cómo funcionan los cálculos básicos.

Asumamos también, para este ejemplo, que tienes 55 años y que, después de haber mirado en una calculadora de expectativa de vida, esperas vivir hasta los 80 años. Por lo tanto, tu dinero tendrá que durarte

25 años (es decir, *años de vida que te quedan* = 25). ¿Cuánto dinero necesitas tener en tu cofre hoy para disponer de una cantidad para sobrevivir el resto de tu vida?

Para obtener una respuesta muy aproximada (no la respuesta final), basta con que multipliques tu coste anual de supervivencia (*el coste para vivir un año*) por el número de años durante los cuales te gastarás esa cantidad (*los años de vida que te quedan*):

(Coste para vivir un año) × (años de vida que te quedan) = 12 000 dólares × 25 = 300 000 dólares

Una vez más, ésta no es la respuesta final. La cantidad real que necesitas ahorrar es, de hecho, muy inferior a 300 000 dólares. ¿Por qué? Porque tu cofre no está ahí quieto mientras recurres a él año tras año. Asumiendo que hayas invertido en una típica cartera de acciones/ bonos, tu dinero estará generando intereses, trabajando para aportar ingresos incluso aunque ya no estés trabajando. Por lo tanto, independientemente del interés que esté generando por encima de la inflación (tanto si ese interés es del 2 %, del 5 % o el que sea), está ayudando a compensar el coste de tus retiradas de dinero.

Ha llegado el momento para otro descargo de responsabilidad: recuerda que incluso una cartera de acciones/bonos no siempre obtiene intereses por encima de la inflación. La tasa de rentabilidad puede variar de un año a otro, y a veces bastante.

Pese a ello, en aras de este ejemplo, asumamos una tasa de interés del 3 % por encima de la inflación; y ampliemos el ejemplo para tener en cuenta esa tasa de interés del 3 % por encima de la inflación.

Imagina que empiezas con unos ahorros de 212 000 dólares y que gastas 12 000 dólares tu primer año. ¿Con qué cantidad acabas después de ese primer año? Pues bien, no acabas con 200 000 dólares. En lugar de ello, acabas con una cantidad más cercana a los 206 000 dólares, porque incluso aunque retiraras 12 000 dólares al principio del año (de modo que los primeros 12 000 dólares no te generan intereses), el 3 % que ganas con los restantes 200 000 dólares te hacen conseguir 6000 dólares. Puedes ampliar este proceso para las mismas retiradas anuales de dinero y la misma tasa de interés durante los 25 años.

Esta retirada anual fija de dinero es una anualidad (de forma muy parecida a las anualidades que puedes comprar a una compañía de seguros), y existe una fórmula técnica (llamada la fórmula del valor actual para una anualidad)[2] para calcular la cantidad con la que deberías comenzar para generar una anualidad dada. Si introdujeses estas cifras en esa fórmula, te encontrarías con que los 212 000 dólares iniciales te durarán prácticamente hasta el final. (Para ser preciso, debes empezar con 213 210,12 dólares si quieres que tu dinero te dure 25 años con un interés del 3 % y una retirada anual de 12 000 dólares). Con cada retirada de dinero, tu cantidad inicial se reduce: no desciende tanto como podrías creer, ya que el interés te hace recuperar parte de lo que necesitas.

Ésta es la razón por la cual sólo necesitas una porción del coste anual de supervivencia multiplicado por el número de años: el interés te hará conseguir el resto.

Por lo tanto, ¿cuál es esa fracción? Como sencilla regla general sugiero el 70 %. En nuestro ejemplo anterior, la fracción es, de hecho, del 71 % (porque 213 210,12 dólares es 0,7107 veces 300 000 dólares). Si la tasa de interés fuese más elevada, la fracción que necesitarías en forma de ahorros sería inferior. Si, por ejemplo, tu tasa de interés fuese del 5 % y todo lo demás permaneciese igual, sólo necesitarías 173 426,50 dólares (o un poco menos del 58 %). Y, por supuesto, si la tasa de interés fuese de cero, necesitarías que todo el dinero (los 300 000 dólares completos) procediese únicamente de los ahorros. Sin embargo, el 70 % te cubre en la mayoría de los casos y es un número bonito y sencillo.

Por lo tanto, resumamos todo esto en una fórmula básica para calcular tu umbral de supervivencia:

Umbral de supervivencia = 0,7 × (coste para vivir un año) × (años de vida que te quedan)

---

2. PropertyMetrics: «Understanding Present Value Formulas», blog *PropertyMetrics*, 10 de julio, 2018, www.propertymetrics.com/blog/2018/07/10/present-value-formulas/

Puedes probar con distintos valores del *coste para vivir un año* y *los años de vida que te quedan*. Si, por ejemplo, quieres jubilarte en Florida, puedes investigar para ver qué cantidad te costaría cada año; y, por supuesto, también puedes insertar un número de años mayor o menor y ver el efecto de estos cambios sobre tu umbral de supervivencia.

Una vez más, ten presente que el umbral de supervivencia es el mínimo indispensable. Cuando lo hayas alcanzado, probablemente no quieras jubilarte todavía: puede que aún tenga sentido para ti seguir trabajando para ganar dinero con el fin de tener una mejor calidad de vida que el que el umbral básico de supervivencia puede proporcionarte. Pero ahora puedes empezar a pensar, de forma segura, en la posibilidad de abrir tu cofre del tesoro. Una vez que te hayas encargado de tus preocupaciones sobre la supervivencia, entonces, podrás empezar a pensar en tu cima del patrimonio neto como en una fecha en lugar de en una cifra.

Recuerda también que puedes emplear múltiples fuentes de ingresos para alcanzar tu umbral de supervivencia. Es decir: si dispones del patrimonio neto de tu vivienda, puedes decidir hacer recortes y venderla, o si prefieres quedarte en tu hogar actual, puedes pedir una hipoteca inversa, que es una forma de acceder al valor de tu propiedad. Si no estás seguro de cuántos años debe durarte el dinero o si estás preocupado por si te quedas sin metálico, recuerda que puedes sacar todo o parte de tus ahorros para comprar una anualidad.

Conocer tu cima: Es una fecha, no una cifra

De acuerdo, digamos que has alcanzado tu umbral de supervivencia y algo más. Ahora puedes permitirte pensar en cuándo abrir tu cofre del tesoro para conseguir la máxima realización a lo largo de tu vida. Una vez más, cuando piensas en tu cima de patrimonio neto de esta forma, el pico no es una cifra (una cantidad determinada de dólares), sino *una fecha concreta* (ligada a tu edad biológica). Se trata de dos formas muy distintas de pensar en tus objetivos económicos.

Muchos de nosotros hemos sido educados para pensar que nuestro plan para retirar nuestros ahorros debería enmarcarse en término de cifras: es decir que, una vez que alcancemos una cierta cantidad de ahorros, podremos jubilarnos y empezar a vivir de ellos; y no faltan sugerencias sobre cuál debería ser esa cifra. El consejo más simplista, que posiblemente no pueda ser correcto, es que todos aspiremos a una única cifra, como 1 millón o un 1,5 millón de dólares, independientemente de quién seas o de dónde vivas. (¿Cómo puede 1 millón en ahorros ser la cantidad correcta tanto para una persona sana, que viaja por el mundo y que vive en San Francisco como para la persona tranquila y hogareña que vive, digamos en Omaha?). Ningún verdadero experto en jubilaciones sugeriría una única cifra para todo el mundo.

En lugar de ello, estos expertos proporcionan consejos más personalizados, basando la cifra recomendada en tu coste de la vida actual, tu esperanza de vida y las tasas de interés proyectadas (como una tasa de interés típica del 4,5 % después de la inflación). Algunos asesores incluso tienen en cuenta el hecho de que tus gastos durante la jubilación no serán constantes desde el principio de tu retiro hasta su final: por lo tanto, te dicen que necesitarás más dinero al principio de ella[3] (tus años dinámicos) que cuando ya lleves 10-20 años retirado. Por lo tanto, hay diversos grados de sofisticación en todos estos consejos sobre la planificación de la jubilación; pero todo lo que tienen en común estas recomendaciones financieras es la idea de conseguir una única cifra: un objetivo económico al que aspirar y alcanzar antes de poder vivir, de forma segura, de tus ahorros.

Para aquellas personas que no han ahorrado lo suficiente como para arreglárselas en su jubilación (ya sea porque sus ingresos son demasiado bajos o porque han vivido mucho como la cigarra de la fábula), el enfoque de alcanzar un objetivo económico tiene sentido. Sin un objetivo preciso en mente, quienes no han ahorrado lo suficiente se arriesgan a vivir todos los peores de los casos: quedarse sin dinero y después ser demasiado mayor para volver a trabajar.

Pero una cifra no debería ser nuestro principal objetivo. Una razón consiste en que, psicológicamente, ninguna cifra parecerá suficiente

---

3. O'HARA, C.: «How Much Money Do I Need to Retire?», *AARP the Magazine*, www.aarp.org/work/retirement-planning/info-2015/nest-egg-retirement-amount.html

nunca. Digamos, por ejemplo, que la cifra a la que acabas llegando (basada en cálculos como los que recomiendan los asesores financieros) es de 2 millones de dólares. Para alcanzar esa meta, puedes justificar fácilmente el trabajar durante más tiempo diciéndote a ti mismo y convenciéndote de que disfrutarás de una calidad de vida incluso mejor si ahorras 2,5 millones de dólares. Y siguiendo esa lógica, puedes disfrutar de una calidad de vida incluso mejor si ahorras 3 millones de dólares. Por lo tanto, ¿en qué punto acaba esto? Ése es uno de los problemas de un objetivo numérico. Para intentar estar a la altura de este objetivo móvil, sigues trabajando con el piloto automático puesto y, en consecuencia, demoras las mejores experiencias de tu vida.

Para comprender por qué deberías pensar en términos de una fecha y no de una cifra, debes recordar que disfrutar de experiencias requiere de una combinación de dinero, tiempo libre y salud. Necesitas los tres: el dinero por sí solo nunca es suficiente; y para la mayoría de la gente acumular dinero lleva tiempo. Por lo tanto, al trabajar más años para acumular más ahorros que los que necesitas en realidad, estás obteniendo más de algo (dinero), pero estás perdiendo incluso más de algo que es por lo menos igual de valioso (tiempo libre y salud). Aquí tenemos la conclusión: más dinero no equivale a más puntos en forma de experiencias.

La mayoría de la gente olvida estos costes propios de conseguir más dinero, por lo que se centran en los beneficios. Así, por ejemplo, 2,5 millones de dólares te compran una mejor calidad de vida que 2 millones *en igualdad del resto de condiciones*, pero el resto de los factores no suelen ser iguales. Eso se debe a que por cada día adicional que dedicas a trabajar, sacrificas una cantidad equivalente de tiempo de ocio, y durante ese tiempo tu salud también mengua gradualmente. Si esperas cinco años para dejar de ahorrar, tu estado general de salud se deteriorará el equivalente a cinco años, cerrando la ventana a ciertas experiencias.

En suma, desde mi punto de vista, los años que dediques a ganar ese millón de dólares extra no compensan (por no decir que no mejoran) los puntos en forma de experiencias perdidos por haber trabajado por más dinero en lugar de disfrutar de esos 5 años en forma de tiempo de ocio.

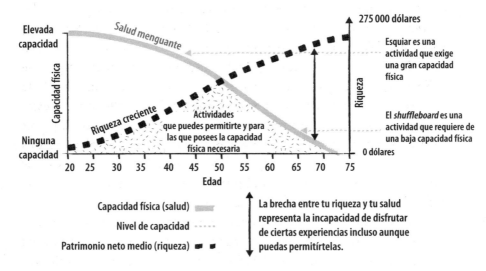

La utilidad menguante del dinero con la edad

275 000 dólares

Elevada capacidad

Salud menguante

Esquiar es una actividad que exige una gran capacidad física

Capacidad física

Riqueza creciente

Actividades que puedes permitirte y para las que posees la capacidad física necesaria

Riqueza

El *shuffleboard* es una actividad que requiere de una baja capacidad física

Ninguna capacidad

0 dólares

Edad: 20 25 30 35 40 45 50 55 60 65 70 75

Capacidad física (salud) ▬▬
Nivel de capacidad ┄┄┄
Patrimonio neto medio (riqueza) ▬ ▪

La brecha entre tu riqueza y tu salud representa la incapacidad de disfrutar de ciertas experiencias incluso aunque puedas permitírtelas.

Tu capacidad de disfrutar de experiencias depende de tu capacidad económica (la curva de la riqueza que se muestra aquí) y de tu capacidad física (la curva de la salud). Seguir acumulando riqueza no te compra necesariamente experiencias, porque tu salud menguante limita tu disfrute de ciertas vivencias independientemente de la cantidad de dinero que poseas.

Por lo tanto, más allá de una cierta cantidad mínima para la supervivencia económica, no pienses en una cantidad en dólares. En lugar de ello, piensa en la cima de tu patrimonio neto en forma de una fecha.

Por supuesto, algunas personas ya piensan acerca de cuándo dejar de hacer crecer sus ahorros en términos de una fecha.

Las edades más obvias son los 62 años (la edad más temprana a la que puedes decidir cosechar las prestaciones de la Seguridad Social) y los 65 años (cuando cumples con los requisitos para el programa gubernamental de asistencia médica a personas mayores, o Medicare); y dependiendo de cuándo nacieses, puedes empezar a recibir todas tus prestaciones de la Seguridad Social en algún momento entre los 66 y los 67 años.

Cada vez más, dado el incremento de la esperanza de vida, los expertos en jubilaciones recomiendan que los retirados con unos ingresos medios esperen a cumplir los 70 años para solicitar las prestaciones de la Seguridad Social, momento en el cual pueden recibir más del 100 % de sus prestaciones completas.[4] Pues bien, la fecha en la que empieces a cobrar esas prestaciones y la fecha en la que te jubiles no tienen por qué coincidir, pero las fechas relativas a la Seguridad Social y al Medicare no parecen tener un efecto sobre la elección de a qué edad se jubila la gente, especialmente porque las prestaciones de la Seguridad Social suponen una gran fracción de los ingresos de la mayoría de las personas durante su jubilación. Pese a ello, estas prestaciones no nos muestran todo el panorama: casi las dos terceras partes de los trabajadores estadounidenses dice que planea trabajar pasados los 65 años,[5] según una investigación hecha en 2016 por la ONG Pew Charitable Trusts. Ésa es la edad proyectada de la jubilación, y no la edad real a la que se retira un trabajador.

La edad real de jubilación es frecuentemente inferior, ya que la gente a veces se retira antes de lo planeado: por lo general, por la pérdida inesperada de su empleo o debido a enfermedades. Esta jubilación involuntaria no supone una consideración carente de importancia, ya que afecta a más de la mitad de los pensionistas en los últimos años: Según un estudio de casi 14 000 personas jubiladas hacía poco, el 39 % de los que se retiraron en 2014 fueron forzados a abandonar su trabajo, y otro 16 % fue «parcialmente obligado». Estas cifras, si son correctas, muestran que muchos más estadounidenses se retiran involuntariamente de lo que muestran las estadísticas oficiales sobre la jubilación. La discriminación por razones de edad contra los trabajadores mayores, combinada con el estigma de la pérdida involuntaria del empleo, provocó, aparentemente, que algunos trabajadores dijesen que se habían jubilado cuando, en realidad, la verdad es que les forzaron a dejar su empleo[6] y no pudieron encontrar otro. Independien-

4. Skidmore Sell, S.: «'70 is the New 65': Why More Americans Expect to Retire Later», *Seattle Times,* 8 de mayo, 2018, www.seattletimes.com/nation-world/nation/more-americans-expect-to-work-until-70-not-65-there-are-benefits/

5. «When do Americans Plan to Retire?», Pew Charitable Trusts, 19 de noviembre, 2018, www.pewtrusts.org/en/research-and-analysis/issue-briefs/2018/11/when-do-americans-plan-to-retire

6. Gosselin, P.: «If You're Over 50, Chances Are the Decision to Leave a Job Won't be Yours», *ProPublica,* modificado por última vez el 4 de enero, 2019, www.propublica.org/article/older-workers-united-states-pushed-out-of-work-forced-retirement

temente de la razón, la edad de jubilación más común[7] en Estados Unidos es, de hecho, de 62 años, igual que la media[8] (una vez más, se trata de la edad a la que los estadounidenses pueden empezar a cobrar las prestaciones de la Seguridad Social).

Por lo tanto, ¿cuándo deberías planear abrir tu cofre del tesoro? Expuesto de otra forma, si tu cima de patrimonio neto es una fecha, ¿cuál es esa importantísima fecha? Bueno, está ligada a tu edad biológica, que no es más que una medida de tu estado de salud general. Si tomamos a dos personas de 50 años (ésa es su edad cronológica), puede que uno tenga una edad biológica de alguien de 40 años y que el otro tenga la edad biológica de alguien de 65 años. La primera cincuentona, la «más joven» (llamémosla Anne) no sólo vivirá más años que la cincuentona «mayor» y con una peor salud (Betty), sino que además podrá disfrutar de actividades físicas y mentales hasta una edad más avanzada. Con más años buenos por delante en los que disfrutar de experiencias, Anne debería estar apuntando a un pico más tardío que Betty, lo que significa que Anne deberá seguir sumando dinero a sus ahorros durante más tiempo que Betty antes de poder gastarse su patrimonio neto en su camino hacia el cero.

Al estudiar este asunto, mis colegas y yo hemos ejecutado las simulaciones de ingresos y gastos para docenas de personas hipotéticas como Anne y Betty, incorporando distintos supuestos relativos a la salud, el crecimiento de los ingresos y las tasas de interés. Dependiendo de todos estos factores, vemos distintas curvas del patrimonio neto. Como resultado de ello, hemos generado muchas curvas del patrimonio neto distintas, cada una de ellas óptima para una persona dada. En cada curva óptima, la persona acaba falleciendo con exactamente cero dólares, y debido a ello cada una acaba con un pico de patrimonio neto en algún momento anterior a la fecha de su muerte. Aquí tenemos

7. «Average Retirement Age in the United States», DQYDJ.com, modificado por última vez el 31 de mayo, 2019, https://dqydj.com/average-retirement-age-in-the-united-states/

8. «Report on the Economic Well-Being of U.S. Households in 2017», Board of Governors of the Federal Reserve System, modificado por última vez el 19 de junio, 2018, www.federalreserve.gov/publications/2018-economic-well-being-of-us-households-in-2017-retirement.htm

lo que vemos: para la mayoría de la gente, la cima de patrimonio neto óptimo se da en algún momento entre los 45 y los 60 años.

Acumulación de patrimonio neto

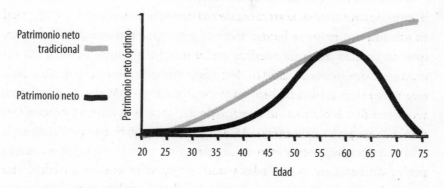

Tradicionalmente, la gente sigue incrementando su patrimonio neto hasta que deja de trabajar, y teme recurrir demasiado a su capital principal incluso después de su jubilación. Pero para sacarle el máximo provecho al dinero que tanto te ha costado ganar, debes abrir el cofre del tesoro antes (empezando a gastarte tus ahorros en algún momento entre los 45 y los 60 años, en el caso de la mayoría de la gente) de forma que acabes, teóricamente, con cero.

Fijémonos en eso más detenidamente. En primer lugar, permíteme dejar claro que las edades de 45-60 años son edades cronológicas. Tal y como se apuntaba con el ejemplo de Anne y Betty, si la salud de una persona es excelente (de modo que su edad biológica es menor que la cronológica), el pico se encontrará en el extremo superior de ese rango. En el caso de la gente extremadamente sana, los verdaderos casos aparte, la cima puede que se encuentre pasados los 60 años; y obviamente, si alguien padece una enfermedad que presagia una muerte temprana, entonces su pico se dará antes de los 45 años. Sin embargo, en general, la mayoría de la gente alcanza su cima a los 45-60 años.

Eso es lo que muestran nuestras simulaciones: para la mayoría de la gente, esperar hasta superar este rango de edad provoca unos resultados subóptimos con respecto a la realización, porque acaba falleciendo con más de cero, quedándose sin tiempo con el que disfrutar de muchas experiencias gratificantes.

El aumento de los ingresos también tiene un importante efecto sobre la cima de una persona. Alguien con un rápido crecimiento de sus ingresos alcanzará su cima pronto. En el otro extremo del espectro de las ganancias se encuentra la gente que tiene que seguir añadiendo dinero a sus ahorros a los sesenta y muchos años, y quizás incluso a una mayor edad, si quieren disfrutar de experiencias discrecionales tras su jubilación. Pero, una vez más, en general, la mayoría de la gente alcanza su pico a los 45-60 años.

¿Qué significa todo esto para ti? Quiere decir que, a no ser que seas una excepción, deberías empezar a gastarte tu riqueza mucho antes de lo que se recomienda tradicionalmente. Si esperas hasta tener 65, o incluso 62 años para meter la mano en el cofre del tesoro, lo más probable es que acabes trabajando durante más tiempo del necesario para ganar un dinero que nunca gastarás. Qué idea más triste: trabajar como un esclavo en tu empleo y nunca obtener los frutos.

No me malinterpretes: no te estoy diciendo cuándo deberías jubilarte (tal y como explico en la siguiente sección), sino sólo cuándo deberías empezar a gastar más que lo que ganas.

«Pero me encanta mi trabajo» (segunda parte)

Cuando empecé a hablarte de morir con cero, te comenté acerca la gente que, comprensiblemente, protestará diciendo que le encanta su trabajo. ¿Qué hay de malo con el dinero ganado con ese tipo de «disfrute procedente del trabajo» y ver que acabas no usándolo en tu vida? Tal y como ya dije en ese momento, a la optimización no le importa de dónde viene el dinero: una vez que lo obtengas te debes a ti mismo el gastártelo con inteligencia.

Surge una versión de esta cuestión cuando hablo de gastar una vez que alcanzas tu cima: «¿Qué? ¿Esperas de verdad que deje un empleo que me encanta sólo porque he alcanzado una fecha mágica?». Y mi respuesta es que no. Si quieres seguir trabajando, ¡adelante! Pero asegúrate de incrementar tus gastos correspondientes para que así no acabes falleciendo con mucho dinero sobrante. Eso supondría un desperdicio, con independencia de lo mucho que disfrutes con tu trabajo.

Sé que hay algunas (pocas) personas entre nosotros que, ciertamente, están «viviendo el sueño» y que están haciendo en su vida lo que siempre habían soñado hacer. Tenemos a esos raros individuos que no pueden esperar a llegar al trabajo cada día y que se sienten mal cuando regresan a casa por la noche. Les fascina de verdad lo que hacen; pero, una vez más, esas personas son muy escasas. Puede que tú seas una de ellas, pero si no eres uno de los afortunados (si estás más enamorado de la nómina que de las experiencias diarias de tu oficina), entonces ha llegado el momento de consultar con tu voz interior y determinar qué quieres obtener de tu vida.

El foco que nuestra cultura pone en el trabajo es como una droga seductora. Se lleva todos tus anhelos de descubrir cosas, sorprenderte y vivir experiencias, prometiendo proporcionarte los medios (el dinero) para obtener todas esas cosas; pero el foco está puesto en el trabajo y el dinero se convierte en algo tan monotemático y automático que te olvidas qué es lo que deseabas en primer lugar. El veneno se convierte en la medicina: ¡Eso es de locos!

Mira, si todo lo que deseas tener es un montón de dinero al final, entonces imagino que es decisión tuya; pero recuerda que nunca he visto el patrimonio neto de nadie grabado en su lápida. ¿No preferirías intentar averiguar qué experiencias únicas te gustaría tener, como recuerdos personales que llevar contigo a lo largo del camino (no sólo para ti, sino para tu familia y tus seres queridos)? Ésta es precisamente la razón por la cual decidí darme un enorme capricho para esa fiesta de mi cuadragésimo quinto cumpleaños.

He mantenido esta conversación con mi amigo Andy Schwartz. Andy es un empresario de éxito en el sector de los adhesivos (pegamento). Tiene cincuenta y tantos, está casado y tiene tres hijos veinteañeros y quinceañeros, y no ha hecho planes para jubilarse pese a que podría hacerlo. Tiene muchas razones: el trabajo sigue retándole e implicándole intelectualmente, le encanta pasar tiempo con otras personas de este sector y se siente responsable del bienestar económico de sus empleados. «Si no me gustara, si sintiera que es como una tarea rutinaria y pesada, lo vendería y me iría», dice.

Por lo tanto, Andy no es alguien que esté trabajando porque tenga miedo de no disponer de suficiente dinero para jubilarse. Le encanta su negocio y disfruta haciéndolo crecer: la propia empresa es una rica fuente de experiencias vitales para él.

Si le preguntas por qué le gusta hacer crecer su riqueza, dado que ya es rico, te menciona a sus nietos, a los que quiere proporcionar un colchón, y las organizaciones de beneficencia a las que le gustaría dar dinero, como su instituto y su facultad.

«Bien», digo. «Me alegra que estés contento. Así pues, sigue trabajando y ganando más dinero, ¡pero asegúrate de gastártelo ahora! Si quieres donar dinero a tu instituto y tu facultad, hazlo ahora. Si quieres darle dinero a tus hijos y a tus futuros nietos, empieza a hacerlo ahora (en el caso de los hijos que sean actualmente demasiado pequeños, abre un fideicomiso). En cuanto al resto, gástatelo en conseguir la mejor vida posible para ti».

Cuando le digo esto a Andy, me replica que sus gustos no son caros. Afirma que lleva un estilo de vida bastante tranquilo y modesto. A eso contesto: «¿Cómo sabes cuáles son tus gustos si, en realidad, no has hecho mucho más que trabajar y criar a tus hijos?». Lo cierto es que su empresa ha formado una parte tan grande de su vida y ha exigido una cantidad tan grande de su atención que no se encuentra en el marco mental para pensar en formas singulares, novedosas o estimulantes de gastarse su dinero.

Pero si alguien le retase a gastarse, digamos 300 000 dólares en actividades que no tuviesen nada que ver con el trabajo sino con divertirse, se vería forzado a pensar de forma distinta, y ciertamente descubriría nuevas actividades y ocupaciones que le encantarían. Y tampoco estoy hablando de gastar dinero sólo por gastarlo, sino de convertirse en la versión más plena y satisfecha del Andy que podría existir.

Para empezar, su mujer y él podrían colaborar y listar sus tres grupos musicales favoritos. ¿Por qué no volar para verlos actuar en un escenario un fin de semana? También podría unirse a la plataforma de conferencias TED como miembro patrocinador, cosa que cuesta varios cientos de miles de dólares y te proporciona acceso especial a la principal conferencia TED, donde podría conocer a leyendas intelectuales vivientes de muchos campos. Después de un viaje a la conferencia TED y de hablar con estas maravillosas personas, pudo dar con trece propósitos y direcciones en las que podía implicarse.

Confía en mí: en realidad no es tan difícil gastarse mucho dinero haciendo cosas que te encantan; pero primero debes tomarte algo de tiempo para averiguar cuáles son esos gastos atrayentes para ti. Usándose a sí mismo como ejemplo de esta idea, el economista comportamental Meir Statman ha dicho que encuentra que viajar en clase ejecutiva vale hasta el último centavo que cuesta, pero no siente lo mismo para nada con respecto a la buena comida. «Puedo permitirme una comida de 300 dólares, pero me hace sentir estúpido, como si el chef estuviera por detrás riéndose a carcajadas».[9] La idea es que aquello en lo que te gastes tu dinero es cosa tuya. ¿Acaso no vale la pena tu tiempo que pienses en lo que valoras y dediques tu dinero a eso?

Por lo tanto, si no estás preparado para abandonar tu trabajo, pero quieres sacarle el máximo provecho a tu dinero antes de morir, empieza a gastar más dinero del que has estado gastando. Otra estrategia para disfrutar de las máximas experiencias durante tus primeros años dorados sin dejar tu empleo consiste en reducir tus horas de trabajo si puedes. Si tienes la suerte suficiente de trabajar para un empleador que te ofrezca una «jubilación escalonada» formal, evalúalo sin dudarlo. Lamentablemente, alrededor de sólo el 5 % de todos los empleadores ofrecen programas así, según un informe de 2017 de la Oficina de Contabilidad del Gobierno de Estados Unidos. Sin embargo, los porcentajes son más altos en algunos sectores,[10] como en la educación y la alta tecnología. La buena noticia es que muchos más empleadores tienen programas informales, y los gerentes ofrecen jubilaciones escalonadas a trabajadores con un alto rendimiento y a empleados con habilidades muy valoradas.[11] Tiene sentido: cuanto más valioso seas para tu empleador, más probable será que esté dispuesto a trabajar contigo de acuerdo con tus condiciones.

9. Kates Smith, A.: «Retirees, Go Ahead and Spend a Little (More)», *Kiplinger's Personal Finance*, 3 de octubre, 2018, www.kiplinger.com/article/spending/T031-C023-S002-how-frugal-retirement-savers-can-spend-wisely.html

10. Government Accountability Office: «Older Workers: Phased Retirement Programs, Although Uncommon, Provide Flexibility for Workers and Employers», report to the Special Committee on Aging, U.S. Senate, junio, 2017, www.gao.gov/products/GAO-17-536

11. Miller, S.: «Phased Retirement Gets a Second Look», Society for Human Resource Management, 28 de julio, 2017, www.shrm.org/resourcesandtools/hr-topics/benefits/pages/phased-retirement-challenges.aspx

En resumen: ten cuidado para no verte constantemente seducido por el dinero. Ciertamente, es agradable sentirse apreciado y que te paguen bien, y los empleadores que te valoren quizás te tienten para que trabajes más horas de las que serían óptimas para ti. Es fácil sucumbir a una tentación como ésa: a fin de cuentas, si tienes 55 años y eres un trabajador al que valoran, hay posibilidades de que ganes más por hora de lo que has ganado nunca; pero recuerda que tu objetivo no es maximizar tu riqueza, sino más bien maximizar tus experiencias en la vida. Eso supone un giro radical para la mayoría de la gente.

El reto de la desacumulación

Una vez que finalmente hayas determinado la cima de tu patrimonio neto, debes empezar a gastar dinero, o «desacumular». Esto significa que gastarás más en tus verdaderos años dorados, cuando estarás en una forma física razonablemente buena y tendrás un nivel de riqueza elevado (a los 45-60 años), que lo que la gente suele gastar, porque la mayoría de quienes ahorran dinero para el futuro ahorran para demasiado tarde en su vida.

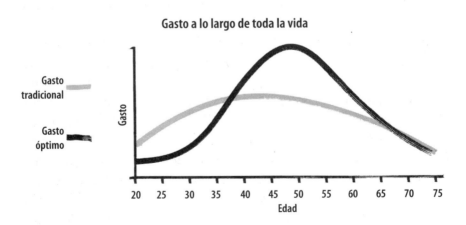

Gasto a lo largo de toda la vida

Tanto si estás gastando de forma óptima como si lo estás haciendo de la forma en la que lo hace la mayoría de la gente, tus gastos en la tercera edad son inferiores que en tu madurez, ya que la gente mayor normalmente no goza de la salud necesaria para gastar tanto en experiencias. Como resultado de ello, a no ser que gastes significativamente más en tu madurez de lo que hace la mayoría de la gente, no lograrás morir con cero.

Ahora vuelve a pensar en el concepto de los cubos de tiempo. Cuando te presenté esa herramienta por primera vez, te apremié a dejar a un lado cualquier preocupación relativa al dinero, de modo que pudieses ver que la mayor parte de las experiencias suelen caer, de forma natural, en una curva con aspecto de campana que está ligeramente inclinada hacia la izquierda, que son tus años de juventud. Pero ¿qué sucede cuando empiezas a poner etiquetas de precios a las experiencias que quieres vivir? En ese momento, la curva se enderezará un poco porque, a medida que tu salud inicia su deterioro natural, tu riqueza tiende a aumentar, lo que significa que dispones de más ingresos discrecionales para vivir experiencias de mayor calidad. Si, por ejemplo, disfrutas con las películas y el teatro en vivo, puedes ir a cualquier edad, lo que significa que puedes distribuirlas alegremente a lo largo de toda tu vida, pero una vez que empieces a pensar en el dinero, ya no podrás ignorar que las entradas para el teatro cuestan, normalmente, mucho más que las del cine, lo que significa que para obtener el máximo disfrute querrás desplazar algunas de las experiencias del teatro en vivo hacia la derecha, cuando seas mayor y más rico; pero no demasiado hacia la derecha, hasta llegar al punto en el que seas demasiado viejo para oír a los actores o para hacer cola en el servicio: en ese punto de tu vida preferirás quedarte en casa viendo *Jeopardy* o reposiciones de *Las chicas de oro*.[12]

Hay otra conclusión a la que probablemente llegarás cuando empieces a poner etiquetas de precio a estas experiencias: la cantidad de dinero que necesitarás durante tu jubilación es frecuentemente muy inferior a la que te han aconsejado ahorrar. Si, por ejemplo, te han dicho que durante cada año de tu retiro necesitarás un 80 % o más de tus ingresos previos a tu jubilación, probablemente descubrirás, después de fijarte en las actividades que has asignado a los cubos de tu setentena, ochentena y más allá, que éstas no cuestan tanto: mucho menos del 80 % de tus gastos anteriores (recuerda la investigación sobre los años en los que ya no se está en condiciones que aparece en el capítulo 3).

---

12. Si no sabes que *Jeopardy* es un concurso televisivo o que *Las chicas de oro* es una comedia de situación, probablemente no haga mucho que vives en Estados Unidos.

Es cierto que algunas actividades que no implican exigencias físicas (como ir a la ópera) pueden ser caras, pero probablemente ni siquiera quieras ir a la ópera setenta veces en un período de tan sólo 5 años. En un cierto momento de tu vida no podrás consumir por encima de una cierta cantidad de ahorros, por lo que no ahorres demasiado y, en lugar de ello, planea el disfrutar gastándote ese dinero antes.

Pero incluso cuando incluyas el dinero como cosa para tener en cuenta, la curva no se desplazará hacia la derecha: te encontrarás con que la gran mayoría de las experiencias que querrás disfrutar tendrán que suceder alrededor del período de 20 años de diferencia con la edad madura, en cualquiera de las dos direcciones (en otras palabras, aproximadamente a los 20-60 años). La gente habla frecuentemente sobre ahorrar para la jubilación, pero hay muchas menos conversaciones sobre ahorrar para unas experiencias vitales excelentes y memorables que deben suceder mucho antes de la típica edad de jubilación. Si te fijas en las actividades publicitadas en los anuncios para retirados (un par de manos entrelazadas mientras se pasea por una playa preciosa y con un hombre cogiendo a un niño entre sus brazos), te encontrarás con que, de hecho, quieres hacer esas cosas antes de estar jubilado.

¿Te estoy diciendo que te gastes todo tu dinero antes de los 60 años? No. Ciertamente, también necesitarás ingresos cuando seas mayor: por lo tanto, mientras sigas trabajando para ganar dinero, será mejor que ahorres para esa etapa de tu vida en la que ya no lo harás. Date cuenta de que el tiempo se mueve sólo en una dirección y que, a medida que pasa, se lleva consigo para siempre oportunidades para disfrutar de ciertas experiencias. Si tienes eso presente mientras planees tu futuro, será más probable que hagas el mejor uso posible de cada año de tu vida.

Saber que dispones de suficiente dinero para que te dure el resto de tu vida (llevando a cabo algunos cálculos relativos a la supervivencia) debería proporcionarte la tranquilidad para empezar a gastar de forma más agresiva ahora; pero, aun así, el cambio psicológico del modo ahorro al modo gasto no será fácil. Modificar unos hábitos muy arraigados nunca lo es: si has pasado toda tu vida siendo un ahorrador bueno, firme y comprometido, es difícil cambiar, de repente, de tendencia y empezar a hacer justo lo contrario. Para la gente acostumbrada a acumular riqueza, la desacumulación no surge con naturalidad. Es difícil cambiar las viejas costumbres.

Pero hacer esto es absolutamente esencial si quieres sacarle el máximo partido a tu energía vital. Recuérdate que no puedes llevarte tu dinero contigo: cada dólar que no te gastes en el momento adecuado tendrá mucho menos valor para ti más adelante, y en algunos casos no te proporcionará ningún disfrute en absoluto.

Recuerda, además, invertir en tu salud, incluso aunque no hayas hecho mucho al respecto en el pasado. Tal y como ya he explicado, tu salud modifica enormemente tu capacidad de disfrutar de todo tipo de experiencias; por lo tanto, vale mucho la pena dedicar tiempo y dinero a mejorar o por lo menos mantener tu salud, ya sea apuntándote a un gimnasio de lujo (del tipo que, de hecho, esperas visitar con ilusión), contratando a un entrenador personal o siguiendo vídeos de entrenamiento.

Una de mis hermanas, Tia, se ha tomado este consejo muy en serio. Con 57 años sigue trabajando en su negocio familiar, pero ha rediseñado la forma en la que desempeña su trabajo de modo que ya no está sentada 9-10 horas diarias en una silla como solía hacer. Comprende que los músculos de todos se atrofian con la edad, y está ralentizando el ritmo de ese deterioro haciendo entrenamientos de resistencia varias veces por semana. También nada regularmente y asiste a clases de *spinning*. ¡Está en ello! Tia no va a correr un maratón en el futuro cercano, pero mediante estas inversiones en su salud está cambiando su experiencia de la vida actual y futura.

Reorganiza tu vida

A medida que avanzas por la vida tus intereses cambian y entran nuevas personas en tu existencia, por lo que es una buena idea repetir este ejercicio de reorganización de vez en cuando, como por ejemplo cada 5-10 años.

Uno de los momentos más importantes para reorganizar tu vida es cuando estás acercándote a tu cima de patrimonio neto. Mucha gente en su edad madura ha olvidado lo que solía proporcionarle satisfacción y ha estado demasiado ocupada cuidando de su trayectoria profesional y de sus hijos como para explorar nuevos intereses. Como resultado de ello, mucha gente inicia su jubilación con una vaga idea de lo que hará con todo ese tiempo libre; o tiene algunas ideas concretas (normalmente viajes que quiere hacer), pero sólo para el primer año o dos. Por lo tanto, después de un tiempo suele encontrarse a la deriva, sintiendo que va sin dirección e incluso anhelando volver al trabajo, que es el lugar en el que sabe que tiene una meta en su vida, un sentido de pertenencia y una sensación de logro. En los peores casos, esta sensación de ir sin rumbo incluso causa ansiedad y depresión.

Por lo tanto, antes de abandonar el trabajo o reducir el horario laboral, piensa detenidamente en qué quieres hacer una vez que el trabajo no ocupe tanto tiempo de tu jornada cotidiana. ¿Hay alguna afición latente que desearas retomar? ¿Una amistad concreta que quieras reavivar? ¿Una nueva habilidad que quieras aprender o un club al que quieras apuntarte? ¿Qué aventuras quieres vivir de verdad y cuándo quieres vivirlas? Ubica esas cosas en los cubos adecuados y empieza a generar nuevos recuerdos.

Recomendaciones

- Calcula tu coste anual de supervivencia basándote en dónde quieres vivir tras tu jubilación.

- Consulta con tu médico para obtener información sobre tu edad biológica y tasa de mortalidad. Sométete a todas las pruebas objetivas que puedas permitirte y que te aporten datos sobre el estado actual de tu salud y de tu futuro declive.

- Dada tu propia salud y tu historia, piensa sobre cuándo tu disfrute con esas actividades es probable que empiece a declinar de forma notable de un año a otro, y cómo esas actividades que te encantan se verán afectadas por este deterioro.

9

SÉ VALIENTE, NO INSENSATO

Norma número 9:

Asume tus mayores riesgos
cuando tengas poco que perder

Mark Cuban, el propietario del equipo de baloncesto de la NBA Dallas Mavericks y uno de los «tiburones» de las inversiones del programa de telerrealidad *Shark tank* (*Negociando con tiburones*), aprendió sobre el espíritu emprendedor a una tierna edad. A los 12 años ya vendía bolsas para la basura a sus vecinos. A los 16 compraba sellos y los revendía para obtener un beneficio. Creció en una familia de clase trabajadora en Pittsburgh, y recuerda a su madre apremiándole para que aprendiese un oficio, como instalar alfombras. En lugar de ello, Cuban estudió empresariales en la universidad, y se pagó los estudios dando clases de baile de música disco, además de acabar comprando y dirigiendo un pub en el campus. Resultó que la policía le clausuró el local por servir alcohol a menores y, cuando Cuban se graduó, seguía en bancarrota, pero ahora poseía las habilidades y la confianza necesarias para triunfar en el mundo de los negocios. Por lo tanto, después de pasar una breve temporada trabajando para un banco en su ciudad natal, Cuban, que tenía 23 años, metió sus pocas posesiones en un viejo Fiat y condujo hasta Dallas, donde se unió a un amigo de la universidad que hablaba maravillas de esta ciudad. Allí, los dos compartieron un apartamento con otros cuatro tipos, y en el que la cama de Cuban consistía en un saco de dormir sobre una alfombra con manchas de cerveza en el cuarto de estar. Pero siguió trabajando.

Consiguió un empleo como camarero y otro como dependiente en una tienda de software.

Y cuando le despidieron por desafiar al jefe de la tienda, forjó planes para su propia empresa: un negocio de asesoría informática llamado MicroSolutions. A los 32 años vendió esa compañía por 6 millones de dólares y se retiró durante 5 años.

Apuesta allá donde no tengas nada (o poco) que perder

Al final, Cuban emergió de su retiro precoz y fundó el negocio que le convirtió en multimillonario, pero eso queda fuera del argumento que queremos exponer aquí. Lo que para mí resulta más interesante de la experiencia de Mark Cuban es que ninguna de las acciones audaces que le condujeron a su éxito le parecieron arriesgadas: ni mudarse a Dallas, ni los empleos que aceptó allí, ni desafiar a su jefe y tampoco el negocio que fundó después de que le despidieran. «No tenía nada», recuerda, «por lo que no tenía nada que perder, ¿verdad? Todo consistió en ir a por ello».

Lo que Cuban está diciendo es que se estaba enfrentando a una situación de riesgo asimétrico: cuando el lado positivo del posible éxito es mucho mayor que las desventajas del posible fracaso. Cuando te enfrentas al riesgo asimétrico, tiene todo el sentido ser audaz y aprovechar la oportunidad que se te presenta. En el otro extremo, cuando las desventajas son muy pequeñas (o inexistentes, como en el caso de «nada que perder») y las ventajas son muy grandes, de hecho, es mucho más arriesgado no llevar a cabo la acción audaz. El inconveniente de ni siquiera correr el riesgo es emocional: potencialmente toda una vida de arrepentimiento y de preguntarse «Y si…?». La ventaja de probar suerte siempre incluye beneficios emocionales, incluso aunque las cosas no funcionen. Existe una gran sensación de orgullo como producto de haber perseguido un objetivo importante con todo tu corazón. Si le has dedicado todo lo que tienes a algo, obtendrás muchos recuerdos positivos de la experiencia, independientemente de lo que suceda. Ése es otro tipo del dividendo en forma de recuerdos del que he hablado anteriormente: cuando mires hacia atrás desde cualquier momento de tu vida, recordarás tus acciones de forma positiva. En otras palabras, incluso las experiencias que no acabaron de la forma que esperabas pueden seguir proporcionándote unos dividendos positivos en forma de recuerdos. Así pues, ser atrevido es una inversión en tu felicidad futura y, por lo tanto, supone otra forma de maximizar el área bajo la curva.

La mayoría de las oportunidades no presentan una asimetría de riesgo extrema, pero si piensas en ellas detenidamente, con frecuencia verás que las desventajas no son tan grandes como podrías pensar.

Cuanto más joven seas más valiente deberías ser

Ten presente lo que he dicho sobre invertir en experiencias, especialmente cuando eres joven. La idea es que siempre es bueno invertir en experiencias, pero es sobre todo bueno hacerlo cuando eres joven. Aplica una lógica similar al hecho de ser audaz: cuando eres mayor algunos riesgos se convierten en más estúpidos que atrevidos.

Esto es fácil de ver en el caso de los riesgos físicos. Cuando era niño, solía saltar del tejado de mi garaje. Era divertido y nunca me hice mucho daño. Ni siquiera me parecía un peligro. Sin embargo, estaría loco si intentara saltar desde un tejado ahora que tengo 50 años: peso más y mis rodillas no amortiguan tan bien los golpes. Por lo tanto, si saltase probablemente acabaría en la consulta del médico, e incluso aunque la lesión no provocase unos daños duraderos, me llevaría bastante tiempo recuperarme. En otras palabras, tengo mucho más que perder de un salto así. Por lo tanto, mis días de saltos desde el tejado de mi garaje ya han quedado atrás.

Eso sucede en muchos campos, en los que el equilibrio entre riesgo y recompensa cambia con el tiempo, hasta que la ventana de oportunidad se cierra para siempre. Cuando eres joven, cada riesgo que asumes puede proporcionarte unos enormes beneficios si tienes éxito: tus ventajas son descomunales. Al mismo tiempo, los inconvenientes (en otras palabras, lo que sucede cuando asumes el riesgo y fracasas) son bajos, porque dispones de mucho tiempo para recuperarte. En el póquer, por ejemplo, a veces puedes comprar más fichas (o «recargar»).

179

Pues bien, cuando eres joven te encuentras en una etapa del juego en la que puedes recargar, recargar y volver a recargar.

Como resultado de ello, el impacto a largo plazo de cualquier fracaso acaba siendo bastante bajo. Cuando tenía 23 años, me despidieron de mi trabajo como inversor júnior en un banco de inversiones. En ese empleo me habían formado para la trayectoria profesional que deseaba, pero un día llegué al trabajo cansado y me pillaron echando una cabezadita en mi mesa. Bueno, eso supuso el fin de ese empleo. Tenía miedo y sentía incertidumbre sobre qué hacer a continuación, y no fue divertido estar en el paro durante el mes siguiente. Mi período de desempleo acabó cuando acepté un trabajo como agente de bolsa: un trabajo con un buen sueldo pero que no era lo que realmente quería hacer, que era hacer negocios. Pese a ello, sabía que tenía que hacer algo, e imagino que vería a dónde me llevaba ese camino como agente de bolsa. Tenía 23 años y era fácil corregir el rumbo. Incluso aunque no hubiese encontrado el trabajo como agente de bolsa, e incluso aunque yo hubiese sido un completo fracaso, no iba a morirme y no iba camino de acabar en un comedor de benéfico.

Fíjate que no estoy diciendo que ser audaz en situaciones de riesgo asimétrico siempre conduzca al éxito de la forma en que lo hizo para Mark Cuban. A veces las cosas no van como quieres, independientemente de cuánto te esfuerces. Lo que estoy diciendo es que la «pérdida» vale la pena: seguía siendo una buena apuesta porque sabía que tenía poco que perder, tenía mucho tiempo por delante para corregir el rumbo y, además, obtuve algunos grandes recuerdos.

Elecciones de trayectorias profesionales

Digamos que quieres convertirte en actor, pero sabes que es un campo muy competitivo: la mayoría de la gente que se muda a Hollywood nunca lo logra y acaba trabajando de camarero entre *castings*. Tu alternativa a ir a por una carrera en el mundo de la interpretación es un empleo de oficina seguro que no te emociona. Por lo tanto, ¿deberías dejar atrás tu trabajo seguro para mudarte a Hollywood? La verdad, es que depende casi por completo de tu edad, y no de lo que tus padres esperen de ti o de lo que tus amigos piensen que deberías hacer. ¡Si tienes veintipocos deberías ir a por ello! Da todo, hasta la última gota, intentando conseguir lo que quieres. Puedes darte algunos años, y si no funciona, siempre puedes volver a un trabajo de oficina, o a la escuela para aprender un oficio.

Eso es exactamente lo que el actor Jeff Cohen hizo cuando su carrera como actor no salió bien. Si has visto alguna vez *Los Goonies,* la película de 1985 sobre un grupo de muchachos que buscan un tesoro perdido, probablemente recuerdes al personaje llamado Gordi, el miembro regordete de la pandilla de inadaptados. Gordi fue el primer papel exitoso de Cohen: hasta ese momento su carrera había consistido en pequeños papeles en series de televisión y anuncios. Después de *Los Goonies,* el exuberante y divertido Cohen parecía estar en el camino para una gran trayectoria profesional en Hollywood, pero los nuevos papeles no se materializaron. ¿Qué sucedió? La pubertad le hizo pasar «de rellenito a convertirse en un tiarrón», le gusta decir a Cohen mientras ríe. Hollywood está lleno de historias tristes de antiguos niños actores, pero afortunadamente la de Cohen no es una de ellas. Fue al instituto y a la facultad de derecho, se especializó en derecho aplicado al mundo del espectáculo, y ahora es socio de su propio bufete.[1] Por lo tanto, ¿qué importa que su carrera como actor se apagara?

Si, por otro lado, eres cincuentón, mudarte a Hollywood no es un gran plan. En ese momento de tu trayectoria, hay probabilidades de que ahora haya personas en tu vida que dependan de verdad de ti, como un cónyuge e hijos. Si ése es el caso, tu fracaso no sólo será tuyo, sino que afectará a otras personas. Es por esa misma razón por la que dejé de conducir motocicletas y de recibir clases de vuelo una vez que tuve hijos: para mi forma de pensar, ya no tenía derecho a poner mi vida en peligro por disfrutar de esas emociones. Y así sucede con todo tipo de riesgos: cuanto mayor te haces, más tienes que perder. Pero no es sólo que las posibilidades de ganar la apuesta sean más bajas, sino que las recompensas potenciales son más bajas. Por lo tanto, incluso aunque

---

1. «The Big Interview: 5 Minutes with… Jeff Cohen», *Chambers Associate, n.d.,* www.chambers-associate.com/the-big-interview/jeff-cohen-chunk-from-the-goonies-lawyer

seas un lobo solitario, o aunque tus hijos estén creciditos y ya hayan abandonado el nido, el equilibrio riesgo/recompensa sigue sin estar a tu favor cuando eres mayor. En el mejor de los casos, en el que las cosas te vayan espectacularmente bien, dispondrás de menos años para disfrutar de ese éxito. ¿No preferirías haber asumido ese gran riesgo antes en la vida?

No puedo decir que sea una estupidez para nadie que persiga sus sueños en su cincuentena, ya que las circunstancias de cada cual son distintas, y si perdiste la oportunidad de hacer lo que querías cuando eras más joven y consideras tus inminentes años como jubilado como la última oportunidad de perseguir tus sueños, te diría que mejor tarde que nunca; pero si pudiésemos retroceder en el tiempo te diría que no esperases, que hicieses esa cosa atrevida ahora en lugar de en tu jubilación, porque los años dinámicos son muy cortos. En general, todo este asunto de «Esperaré a hacer esto cuando me jubile» es una enorme metedura de pata; pero si ya has cometido ese error, sigue adelante y aprovecha al máximo el tiempo del que dispongas.

Sin embargo, mucha gente no aprovecha esas ocasiones en las que puede asumir riesgos fácilmente, y creo que es porque magnifican los inconvenientes en su cabeza: piensan en el peor de los casos posibles, como el quedarse sin un techo, incluso aunque ese escenario no sea ni remotamente realista. Como resultado de esa forma de pensar temerosa, no reconocen la asimetría en el riesgo al que se enfrentan: en su mente es como si un fracaso estrepitoso fuera tan probable como cualquier tipo de éxito.

Hace un par de años estaba hablando con una joven que conozco llamada Christine que tenía un trabajo como vendedora de encimeras de plástico. No hay nada malo en vender encimeras, ya sean de plástico o de otro material, y estoy seguro de que algunos vendedores obtienen una gran satisfacción ayudando a los clientes a encontrar la encimera adecuada para ellos. Lo único que pasa es que Christine no era uno de ellos, principalmente porque su empleador no le estaba dando el reconocimiento por todo su duro trabajo. Además, tenía muy pocos días libres. El empleo la estaba haciendo tan infeliz que la animé a tomar una decisión audaz y dejar su trabajo. Simplemente dejar su trabajo, sin ni siquiera esperar a tener otro, ya que aferrarse a ese puesto de vendedora le dejaba muy poco tiempo libre para buscar algo mejor. Pese a ello, estaba muy asustada de que no tener un trabajo hiciera que le resultara difícil conseguir un nuevo empleo. Es cierto que los empleadores suelen mostrarse recelosos de contratar a gente que esté en el paro, por lo que abandonar su trabajo suponía un riesgo; pero la persuadí de que con 25 años era lo suficientemente joven para asumir el riesgo. Podía conseguir un trabajo al día siguiente como camarera si lo necesitaba, hasta que averiguó qué era lo que quería hacer de verdad. Su desventaja, en otras palabras, no era tan mala como había imaginado. Además, si no podía asumir el riesgo ahora, ¿cuándo iba a hacerlo?

Aceptó mi consejo y dejó su trabajo sin disponer de otro empleo. Desde entonces ha tenido diversos trabajos, incluyendo otro que aborrecía pero en que le pagaban 150 000 dólares anuales (ese empleo la hacía sentir tan desgraciada que lo dejó, pero luego lo retomó dos semanas después). El argumento es que, cuando eres joven, puedes permitirte asumir muchos riesgos porque dispones de mucho tiempo para recuperarte: puedes tropezar una y otra vez y salir ileso.

Por supuesto, siempre es más fácil abandonar un trabajo cuando ya tienes otro empleo esperándote, pero, tal y como le dije a Christine, lo que es fácil no debería determinar lo que hagas. ¡No permitas que la dificultad te disuada de vivir la mejor vida posible!

Cuantifica el miedo: El caso de mudarse

Una de las mayores formas en las que la gente evita las acciones audaces es su aversión para mudarse y para los viajes. Mucha gente ni siquiera considerará el mudarse a otra ciudad, y cuando surge una oportunidad lejos de su hogar suelo oír que dicen cosas como: «No conozco a nadie allí» o «Quiero estar cerca de mi madre». Me resulta sorprendente que la gente quiera echar raíces y no buscar ninguna nueva aventura en su vida porque tengan miedo de alejarse de dos o tres personas queridas. Si haces eso, es como si permitieses que esas personas escogiesen dónde tienes que vivir.

No es que no debas preocuparte de conservar tus relaciones. Es que, si piensas en el problema de forma racional, quizás descubras que puedes vivir la aventura y seguir conservando unas relaciones maravillosas, además de hacer nuevas amistades en el lugar al que vayas. ¿Cómo pensar en esta situación de forma racional? Mi respuesta consiste en la cuantificación de cada miedo.

Pongamos, por ejemplo, que te surge la oportunidad de desplazarte a la otra punta de país (o del mundo) por un trabajo emocionante en el que te pagan 70 000 dólares más que tu empleo actual. Sin embargo, tienes miedo de perder el contacto con tus amigos y tu familia.

Cuando oigo algo así, formulo un par de preguntas. Una es: ¿cuánto tiempo pasas con estas personas? Frecuentemente no es tanto tiempo en absoluto, porque tendemos a dar por sentado lo que está fácilmente disponible.

La otra pregunta es: ¿cuánto cuesta un billete de avión de ida y vuelta en primera clase de aquí a allá comprado en el último momento? Ése es el mayor precio que tendrías que pagar para ver a la gente de la que te alejarías. ¿Qué supone ese precio en comparación con tu aumento de salario, por no mencionar todo lo que estás en posición de ganar por mudarte? Incluso después de hacer estos cálculos, la gente sigue decidiendo, en ocasiones, quedarse donde está. Es decisión suya, por supuesto, pero quiero señalar que lo que están haciendo es decir que están dispuestos a pagar 70 000 dólares por la comodidad de no tener que mudarse.

Si nunca hubiese estado dispuesto a mudarme, hubiese dejado pasar la mejor oportunidad laboral de mi vida. Esto sucedió cuando tenía 25 años y estaba trabajando como corredor del mercado extrabursátil: el trabajo en el que me contrataron después de que me despidiesen 2 años antes. Como corredor del sector del gas natural ganaba un buen dinero, alrededor de 10-15 veces lo que ganaba con mi primer trabajo nada más acabar la universidad. Y me lo estaba pasando bien con mi mayor salario, pero odiaba ese trabajo. Aborrecía tener que llamar en frío a la gente, y encontraba desagradable que mi éxito dependiese tanto de si a la persona a la que llamase le cayese bien o no. Además, la naturaleza de ser un corredor de bolsa era que mi futuro estaba limitado independientemente de lo bien que rindiese. Tenía algo de control, pero no tanto como deseaba. Ésa es la razón por la cual quería ser inversor. Si un corredor de bolsa es como un agente inmobiliario, un inversor es como la persona que compra y vende casas: como comerciante asumes todo el riesgo y obtienes toda la recompensa.

La oportunidad de convertirme en inversor llegó inesperadamente. Como parte de mi trabajo como agente de bolsa estaba haciendo lo que pensaba que era un viaje rutinario para visitar a un cliente en Texas. No podía ni imaginarme que, en realidad, estaba siendo entrevistado. Al final de mi visita, mi cliente me ofreció el puesto de inversor jefe en opciones en su empresa. Recuerdo negociar con él, como si no estuviese seguro de que se tratase de un empleo que quería aceptar, pero en el fondo estaba pensando: «¿Dónde están mis maletas? ¡Estoy listo para mudarme!».

Otras personas no comprendían por qué iba a querer dejar un trabajo cómodo en la ciudad de Nueva York para aceptar un empleo tan arriesgado en el que no sabía si ganaría dinero... ¡y mudarme a Texas, precisamente! Admito que tenía mis propios estereotipos sobre Texas, o de cualquier lugar al sur de la línea Mason-Dixon, de verdad, y especialmente siendo negro; pero mi deseo de las riquezas potenciales que podría traer consigo ser inversor era tan grande que haría lo que fuese por disponer de la oportunidad de probar. Me hubiera mudado a Siberia si hubiese sido necesario. También sabía que me odiaría a mí mismo si no aceptaba el trabajo. ¿Y en realidad qué tenía que perder? Si no funcionaba, podría haber regresado a Nueva York y ser agente de bolsa otra vez; y saber que lo había intentado me haría sentirme orgulloso durante el resto de mi vida, y que mi vida tenía más sentido. De esta forma, incluso las experiencias «negativas» pueden aportar unos dividendos positivos en forma de recuerdos.[2] Muchas ventajas y pocos inconvenientes.

Todo funcionó: tuve éxito como inversor y acabé enamorándome de Texas. Una semana después de llegar para empezar a trabajar en Houston, mi gerente y yo fuimos a una subasta de beneficencia en la que pujamos por un caballo y una escopeta. Por lo tanto, durante un tiempo fui copropietario de un caballo, cosa que mis amigos de Nueva

---

2. VOHS, K. D.; AAKER, J. L. y CATAPANO, R. (2019): «It's not Going to be That Fun: Negative Experiences Can add Meaning to Life», *Current Opinion in Psychology*, vol. 26, pp. 11-14, doi:10.1016/j.copsyc.2018.04.014.

York pensaron que era algo estrambótico. Ya no tengo un caballo, pero sigo poseyendo esa escopeta clásica; y mientras mantengo amistad con la gente a la que conocí y con la que compartí cosas en Nueva York, he desarrollado una vida feliz y también he encontrado a personas con una mentalidad similar en Houston.

Sé que al leer testo puede que te sientas tentado de desestimar mi experiencia: «Para ti es fácil decirlo, Bill». No todo el mundo obtiene ofertas para ganar toneladas de dinero en el campo de las inversiones, y ciertamente, y en primer lugar, no todo el mundo tiene un trabajo cómodo que poder abandonar; pero la lógica de mi experiencia funciona a cualquier escala: desde alguien que deja un empleo con un sueldo de seis cifras y puede pedir dinero prestado a sus padres ricos hasta personas que prácticamente sólo tienen lo puesto. El tipo que trabaja en un Burger King que va a clases nocturnas para aprender informática o la mujer que une fuerzas con una amiga para iniciar un negocio de *foodtrucks*: eso también es ser valiente, aunque a una menor escala. En todos estos casos, puedes tomar el camino más seguro de la miseria tranquila o la senda más audaz que es menos segura pero potencialmente mucho más gratificante, tanto económica como psicológicamente.

¿Cómo ser audaz cuando se es mayor?

Todo lo que he dicho en este capítulo apunta a ser valiente cuando eres joven, pero también hay formas de ser atrevido cuando eres mayor, y tienen que ver con tener la suficiente valentía para gastarte tu dinero duramente ganado. Debes tener la audacia de hacer las cosas descritas en el capítulo 8 («Conoce tu cima»): la valentía de alejarte de una trayectoria profesional de modo que puedas dedicar el tiempo que te quede haciendo lo que sea más satisfactorio. La gente está más asustada de quedarse sin dinero que de malgastar su vida, y eso tiene que cambiar. Tu mayor miedo debería ser despilfarrar tu vida y tu tiempo, y no pensar: «Voy a tener X dólares cuando tenga 80 años?».

¿Qué pasa si soy reacio al riesgo?

Puedo comprender el miedo al riesgo, porque mi madre es así. Ella era profesora, trabajaba para el Estado y siempre quería que yo también consiguiese un empleo gubernamental de algún tipo. Tuvimos tantas discusiones sobre eso (la llamada seguridad laboral). Ella sostenía que un trabajo de funcionario te proporcionaba una garantía, mucha seguridad. Yo siempre quería lo contrario: intentar echarle el lazo a la Luna. Imaginé que, si la oficina de correos siempre estaba contratando a gente y proporcionaba unos ingresos seguros, en cualquier momento podría ir a trabajar allí si todo lo demás fallaba, pero no hay ninguna necesidad de *empezar* ahí.

Pese a ello comprendo de dónde procedía mi madre: es una mujer afroamericana que nació justo después de la Gran Depresión y vivió muchos años antes de que llegara la era de los derechos civiles. La vida siempre era injusta y el mundo parecía tenértela jurada, así que tenía sentido que procediese de un lugar en el que se deseara la seguridad por encima de cualquier otra cosa. De hecho, su madre (mi abuela) era mucho más miedosa. Nunca olvidaré lo que mi madre me dijo cuando gané mi primer millón de dólares. «No se lo digas a tu abuela», me comentó, «porque todo lo que hará será preocuparse por si lo pierdes».

Así pues, comprendo cómo tu crianza puede hacer que quieras jugar sobre seguro. La gente varía, de forma natural, en cuanto a su tolerancia al riesgo, y eso está bien. No voy a decirte cuánto riesgo deberías asumir, pero añadiré: en primer lugar, independientemente del nivel de riesgo con el que te sientas cómodo y sean cuales sean los movimientos audaces que contemples dar en tu vida, te irá mejor hacerlos pronto. Así gozarás de mayores ventajas y menos inconvenientes.

En segundo lugar, no subestimes el riesgo de la inacción. Seguir el camino en lugar de realizar movimientos audaces hace que uno se sienta seguro, pero piensa en lo que puedes perder: la vida que podrías haber vivido si te hubieses armado de valor para ser más decidido. Estás ganando un cierto tipo de seguridad, pero también pierdes puntos en forma de experiencias. Date cuenta, por ejemplo, de que si evitas ciertos riesgos, obtendrás 7000 puntos en forma de experiencias en lugar de 10 000. Eso significa que acabarás con una vida un 30 %

menos satisfactoria. Si dices que un 30 % menos de satisfacción vale la tranquilidad que obtienes, pues de acuerdo, está bien. Mi abuela, por ejemplo, no hubiera podido dormir si hubiera llevado una vida más audaz, y no puedo culparla por eso. La cantidad de riesgo que asumas es decisión tuya: sólo quiero que seas consciente de la decisión que estás tomando y de todas las consecuencias de esa elección.

En tercer lugar, te recordaré que hay una diferencia entre la baja tolerancia al riesgo y el miedo simple y llano. El miedo tiende a tomar el riesgo real y a hacer que adquiera unas proporciones exageradas. Si tienes tendencia a sufrir reacciones de miedo instintivas ante el hecho de tomar decisiones audaces, piensa detenidamente en el peor de los casos posibles. Cuando tengas en cuenta todas las redes de seguridad de las que dispones en tu vida (desde el seguro de desempleo proporcionado por tu trabajo hasta la póliza privada que puedes comprar frente a cualquier tipo de desastre y hasta la clásica ayuda procedente de tu familia), el peor de los casos posibles probablemente no sea tan malo como crees. Si es así, tus aspectos negativos son bastante limitados, pero puede que los positivos sea infinitos.

Recomendaciones

- Identifica oportunidades que no estés aprovechando que impliquen poco riesgo para ti. Recuerda siempre que es mejor asumir más riesgos cuando eres joven que cuando eres mayor.

- Fíjate en los miedos que te retienen, ya sean racionales o irracionales. No permitas que los irracionales se interpongan en el camino de tus sueños.

- Sé consciente de que tienes, en todo momento, la posibilidad de elegir. Las decisiones que tomes reflejan tus prioridades, por lo que asegúrate de tomarlas deliberadamente.

CONCLUSIÓN:
UNA TAREA IMPOSIBLE,
UN OBJETIVO QUE VALE LA PENA

Te he asignado una tarea imposible: morir con cero. Puedes seguir todas las normas de este libro, puedes hacer un seguimiento riguroso de tu salud y tu esperanza de vida, y puedes recalcular tu estado financiero cada día: pese a ello no acertarás exactamente con el cero. Cuando exhales el último suspiro, quizás todavía tengas algunos dólares en el bolsillo, y puede que incluso cientos más en el banco. Por lo tanto, técnicamente, no habrás logrado morir con cero. Eso es inevitable, y no pasa nada.

¿Por qué? Porque ese objetivo habrá hecho su trabajo orientándote en la dirección correcta: aspirando a morir con cero, modificarás por siempre tu foco de vivir en modo piloto automático, pasando de ganar dinero, ahorrar y maximizar tu riqueza a vivir la mejor vida que puedas. Ésa es la razón por la cual morir con cero es un objetivo que vale la pena: con este objetivo en mente puedes estar seguro de que obtendrás más de tu vida de lo que, de otro modo, habrías obtenido.

Millones de personas van a la iglesia o al templo cada semana intentando ser como Jesucristo o Moisés, y millones más intentan emular a Mahoma. La mayoría ni siquiera se acerca; y no pasa nada: ninguno de nosotros es perfecto, e incluso los más virtuosos no siempre son amables, sabios y valientes. Al perseguir estos ideales, nos movemos en la dirección correcta, por lo menos un poco más amables, sabios y valientes. Lo mismo sucede con el ideal de morir con cero: por mucho que lo intentes nunca acertarás exactamente en el blanco, pero con un poco de suerte te aproximarás más que si nunca lo hubieses intentado. Así pues, sigue adelante, no sólo viviendo tu vida al máximo, sino salvando la única vida de la que dispones.

Espero que mi mensaje te haya, por lo menos, movido a reconsiderar los enfoques estándares y convencionales para vivir tu vida: conseguir un buen empleo, trabajar duro durante horas sin fin y luego jubilarte cuando estés en tu sesentena o setentena y pasar el resto de tu vida disfrutando de los llamados años dorados.

Pero sigo preguntándote: ¿por qué esperar hasta que tu salud y tu energía vital hayan empezado a menguar? En lugar de centrarte en ahorrar para tener un gran frasco lleno de dinero que lo más probable es que no seas capaz de gastarte en vida, vive tu vida al máximo ahora: persigue experiencias memorables, da dinero a tus hijos cuando puedan sacarle el máximo provecho, dona dinero a la beneficencia mientras todavía estés vivo. Ésa es la forma de vivir la vida.

Recuerda: al final, el negocio de la vida consiste en la adquisición de recuerdos.

Así pues, ¿a qué estás esperando?

AGRADECIMIENTOS

Todos tenemos ideas. Frecuentemente tenemos algo que comentamos hasta la saciedad, diciéndole a cualquiera que quiera escucharnos: «Voy a hacer X». Pese a ello, con el paso de los años, la X se convierte en otra cosa que guardamos en nuestro cubo de la procrastinación, algo que nunca llevamos a cabo si no pasa algo que nos instigue a ello. Para mí, ese acontecimiento instigador fue una visita a mi médico, Chris Renna, cuyo insistente entusiasmo por mi mensaje acabó haciendo que pasase a la acción.

Antes de que pudiese soñar en escribir un libro y permitir que el mundo criticase y considerase mis ideas, primero tuve que discutir, debatir y refinar estas ideas con el público más duro que pude encontrar: mis amigos, familiares y colegas más honestos y directos. Cada uno de ellos me aportó una perspectiva única e interesante y me decían cuándo creían que estaba loco. Quiero dar las gracias (sin un orden particular) a Tia Sinclair, Greg Whalley, John Arnold, Cooper Richey, Marc Horowitz, Omar Haneef y Dan Bilzerian por tomarse el tiempo de escucharme parlotear y poner mis ideas a prueba.

Tener ideas bien pensadas es una cosa, pero transformarlas en un libro convincente y de fácil lectura es otra cosa. Para eso iba a necesitar trabajar con un escritor que pudiese tomar mis palabras, relatos y explicaciones, y moldearlas en forma de un texto que fluyese y fuese fácil de leer mientras conservaba mi voz, estilo y pasión. Esa escritora fue Marina Krakovsky. Fui realmente afortunado por disponer de una narradora familiarizada con las ideas relevantes relativas a la economía y que tenía la capacidad de respaldar esos planteamientos con las investigaciones académicas pertinentes. También conocía a mi agente, además de a Kay-Yut Chen, un brillante economista al que contraté para trabajar en este libro. Quiero dar las gracias a Marina no sólo por todo esto, sino además por abrirme paso a través del proceso largo, poco familiar y a veces doloroso de convertir una serie compleja de ideas en un libro que cualquiera pueda comprender.

Una vez que dispuse de una escritora profesional y un conjunto de buenas ideas y lo que parecía una propuesta firme, necesitaba un editor que me ayudara a que el libro llegase al mayor público posible. Para encontrarlo, necesitaba a un agente a mi lado. Esa persona es Jim Levine. Aunque cinco agentes me dijeron que me aceptarían como cliente basándose en el discurso inicial, escogí a Jim porque fue el único que me dijo que la propuesta, pese a ser buena, no estaba lista para mostrársela a los editores, y me explicó por qué pensaba que era así. Quiero darle las gracias a Jim por su especial interés en mi trabajo y por su ayuda al orientarme para pasar de ser alguien con una idea para escribir un libro a alguien con una idea lista para conseguir un trato para publicar un libro.

Quiero dar las gracias a Rick Wolff y a todo el equipo de Houghton Mifflin Harcourt por invertir en mí y en esta obra. También quiero expresarle mi agradecimiento a Rick por editar un libro que no encaja fácilmente en un género, y por ayudarnos a transmitir las ideas sin parecer demasiado avasalladores o estridentes (yo soy avasallador y estridente).

Gracias también a Will Palmer, un revisor de textos que fue mucho más allá del trabajo usual de un revisor de textos.

También quiero darle las gracias a los trabajadores de mi oficina que se tomó el tiempo de rellenar una encuesta para proporcionarme la muy necesaria perspectiva y ayudarme a superar mi miopía sobre qué piensa la gente de este asunto. Mi agradecimiento, sin orden particular, por hacer esto es para Charles Denniston, Oleg Kostenko, Barrie Nichols, Shilpa Chunchu, Loftus Fitzwater y Cassandra Krcmar.

Para ayudar a transmitir ideas de una forma con la que puedas sentirte identificado, no hay nada como una historia. En un libro que trata sobre cómo la gente debería emplear su dinero y su vida, estas historias suelen ser muy personales, y doy las gracias a mis amigos, familiares y conocidos que se permitieron mostrarse vulnerables exponiendo su vida al escrutinio y la crítica pública. Por lo tanto, expreso mi gran agradecimiento a Erin Broadston Irvine, John Arnold, Baird Craft, Andy Schwartz, Jason Ruffo, Joe Farrell, Paulie «Pastrami» Simoniello, Christine Platania, Greg Whalley, Chris Riley, mi hermana Tia Sinclair y mi madre Fruita Louise Diaz. Un agradecimiento especial a Virginia Colin, que compartió su historia pese a que no me conocía. Este libro no podría inspirar ni motivar a nadie sin vuestras generosas y valientes contribuciones.

Aparte de las historias con las que uno pueda sentirse identificado, también necesitaba un modelo formal (una representación matemática) de las ideas de las que estoy hablando. El economista comportamental Kay-Yut Chen fue de enorme utilidad no sólo calculando los aspectos matemáticos subyacentes al modelo, sino también explicando la lógica que hay detrás de los resultados. Omar Haneef desempeñó, asimismo, un papel fundamental para ayudar a dar forma a estas ideas.

Los otros datos usados en este libro son de dominio público, gracias a las investigaciones del gobierno estadounidense, pero presentarlas en forma de un formato de fácil lectura es una tarea completamente distinta. Charles Denniston creó cada tabla e ilustración de esta obra. Siempre que intercambiábamos fuentes de datos o solicitábamos otros cambios, Charles nos entregaba rápidamente justo lo que necesitábamos.

Por programar mi agenda, coordinar reuniones, asegurarse de que hiciera mis llamadas telefónicas y, en general, controlar el caos, quiero dar las gracias a mi ayudante, Cassandra Krcmar. Agradezco que hiciera, con su elegancia habitual, que el circo de mi vida fuese manejable durante este proceso.

Mucha gente leyó partes del libro y me aportó sus comentarios, pero pedirle a alguien que lea un libro no publicado y que me proporcione su crítica, y especialmente comentarios negativos, es un favor especialmente agotador. Lleva muchas horas de trabajo atento, y conlleva la temida responsabilidad de decirle a alguien a quien conoces que algo no es bueno, o que está equivocado, que es arrogante o que, simple y llanamente, apesta. Si te gusta este libro, se debe a estos intrépidos primeros lectores, que trabajaron duro. Si no te gusta, lo hubieras odiado todavía más si no hubiese sido por Raquel Segal,

Omar Haneef, Kay-Yut Chen, Keith Perkins, Marc Horowitz y, sobre todo, Cooper Richey.

Cooper Richey se merece su propio párrafo. Si crees que leerse mi libro inacabado es un gran favor, intenta leerlo dos veces y media. Intenta hacerlo mientras proporcionas notas y críticas detalladas en cada página. Intenta leerlo e inspirarte para aportar más ideas, y luego llamar para discutir y debatir un poco más. Intenta, después, que te recluten para sugerencias adicionales. Dicen que ninguna buena acción se queda sin castigo, y yo castigué de verdad a Cooper. En serio: fue mucho más allá de mis peticiones iniciales y me proporcionó contribuciones más que importantes para hacer que el libro fuese mejor. Estoy muy agradecido por el tiempo y los esfuerzos extra que dedicó a hacer que este libro fuese mejor.

Quiero darle las gracias a mi padrino, Joseph Panepinto, Esq., por abrir una puerta de oportunidad que condujo a esta loca y maravillosa aventura.

Todo lo que construimos es sobre los hombros de generaciones futuras, y me gustaría dar las gracias a mi madre y mi padre, Fruita Louise Diaz y Bill Perkins Jr.

Escribir este libro ha sido un jaleo, así que si me he olvidado de alguien, le pido disculpas y le doy las gracias.

No puedo contar el número de horas empleadas para hablar, reuniéndome o pensando en el libro, pero el resultado es que algunas otras personas no disfrutaron de mis ondas cerebrales durante ese tiempo. Mi trabajo supone su sacrificio, y no podría haber llevado a cabo esta tarea sin el amor y la paciencia de mis hijas, Skye y Brisa, además de sin los de mi novia, Lara Sebastian, ya que toleraron y soportaron mi ausencia mental demasiadas veces. ¡Gracias! ¡Estoy de vuelta!

APÉNDICE:
¿CUÁL ES ESA NUEVA APLICACIÓN DE LA QUE NO DEJAS DE HABLAR?

Los principios de este libro están diseñados y expuestos para llevarte muy lejos en el camino hacia sacar más provecho a tu dinero y tu vida. Te proporcionan algunas ideas generales sobre cómo dar con un buen equilibrio entre el disfrute presente y la recompensa demorada, entre trabajar por dinero (e invertirlo para obtener ganancias futuras) y gastarse el dinero en las experiencias que dan lugar a una vida rica y satisfactoria.

Pero puede que quieras ir más allá siguiendo las directrices básicas. Con ese fin, tengo algunas buenas noticias. La aplicación que mi equipo y yo hemos desarrollado aspira a ir un paso más allá tomando esos mismos principios y expresándolos de una forma matemática precisa. Los ingresos, los gastos, las tasas de interés y los puntos en forma de experiencias: todos ellos implican números y cálculos. Optimizar a lo largo de tantas posibles combinaciones de estas cifras (como debemos hacer para proporcionarte un plan para una vida satisfactoria al máximo) requiere de muchos más cálculos que los que uno podría llevar a cabo en una cantidad de tiempo razonable. Una aplicación puede realizar los cálculos necesarios de forma más rápida y precisa que el más talentoso de los contables; y eso es exactamente lo que hace nuestra aplicación: toma todas esas cifras y hace todos los cálculos necesarios para ayudarte a planificar la vida más rica en experiencias que puedas tener.

La descripción que leerás aquí cubre las características más esenciales, pero en cada futura versión añadiremos una mayor complejidad para así encajar con escenarios del mundo real.

¿Qué hace (y qué no hace) la aplicación?

Tal y como he explicado, mi forma de pensar en sacarle el máximo partido a tu energía vital consiste en maximizar el área bajo la curva de la realización o satisfacción. Pero ¿cómo maximizas el área bajo esa curva? No es obvio en absoluto porque nos enfrentamos a una solución intermedia entre gastar y ganar dinero. Supón, por ejemplo, que empleamos un año entero jugando en lugar de trabajar para ganar dinero. Podemos obtener muchos puntos en forma de experiencias de la vida de esa forma, pero también incurriremos en un gran coste. En concreto, sacrificaremos todas las ganancias económicas de ese año, además de cualquier interés bancario o rendimiento de las inversiones que el dinero nos podría haber hecho ganar. Todo eso equivale a dinero que podría emplearse para conseguir incluso más puntos en forma de experiencias el año que viene. Por lo tanto, la cuestión es: ¿es mejor ganar dinero ahora y gastarlo más adelante? O, de forma más precisa: ¿cuál es el equilibrio perfecto entre ganar dinero y gastarlo en cualquier momento concreto de tu vida? Ésa no es una pregunta fácil a la que contestar.

Como resultado de ello, la mayoría de nosotros no piensa en estas soluciones intermedias de forma consciente: tendemos o a improvisar o a seguir sencillas reglas empíricas, como «ahorra el 10 % de tus ingresos cada año» y «jubílate a los 65 años»; o nos despertamos un día sintiéndonos extenuados por trabajar demasiado y disponer de muy poco tiempo de ocio, y decidimos que ha llegado el momento de tomarnos unas buenas vacaciones.

Algunos de nosotros planificamos más que otros, pero no conozco a nadie que planifique toda su vida. En su mayor parte, abordamos estas importantes decisiones de una forma un tanto descuidada: ganar un poco de dinero aquí, gastarlo allí e invertir algo para el año que viene o para la jubilación, y adaptar nuestras relaciones relativas a los gastos mientras avanzamos de un año al siguiente. Eso es comprensible, dado lo apabullante que puede parecer el problema, y seguir sencillas reglas empíricas es mejor que no planificar en absoluto; pero, en realidad, un enfoque como éste no está maximizando tus experiencias de la vida.

Mi objetivo con la aplicación es maximizar la satisfacción que obtengo de mi vida, y tú de la tuya, lo que significa acercarte lo máximo posible al mejor conjunto de decisiones económicas que puedas tomar a lo largo de tu vida.

Pero no quiero exagerar las capacidades de la aplicación. Los resultados de un elemento de software sólo son tan buenos como los datos que le proporcionemos. Pese a ello, el mundo es complejo y está lleno de incertidumbres. Por lo tanto, las entradas de datos cruciales para la aplicación, incluyendo tu salud futura y la tasa de rentabilidad de tus inversiones, son difíciles de predecir. En verdad, la aplicación es, simplemente, otra herramienta, de forma muy parecida a los otros instrumentos que aparecen en este libro. Es una herramienta más precisa y matemática que, digamos, los cubos de tiempo, pese a que supondría un grave error confundir la precisión de la aplicación con una exactitud total.

Una mejor forma de pensar en la aplicación es como en un motor de simulación: una forma de ejecutar escenarios hipotéticos sobre tu vida. ¿Qué pasa, por ejemplo, si tus ingresos crecen mientras los beneficios de tus inversiones permanecen planos? ¿Y qué sucede si tu salud se deteriora a un ritmo más rápido que el de la mayoría de la gente? Jugueteando con la aplicación puedes explorar lo que sucede si modificas esta suposición o aquella otra, y qué efecto tiene cambiar esta variable o esa otra sobre la puntuación de la satisfacción a lo largo de toda tu vida.

En otras palabras, por cada conjunto de suposiciones que quieras tener en cuenta, ¿cuál es la forma óptima de repartir tu energía vital para ganar dinero frente a adquirir experiencias en distintos momentos de tu vida? La aplicación puede proporcionarte respuestas a esta pregunta en una amplia variedad de distintos escenarios posibles.

¿Dónde conseguir la aplicación?

Como lector de este libro, puedes obtener la aplicación gratis en su página web: DieWithZeroBook.com.

¿Cómo usar la aplicación?

Usar la aplicación es relativamente sencillo, porque te orientará a lo largo de cada paso. Logra esto haciéndote preguntas claras sobre los factores que determinan la puntuación de satisfacción a lo largo de tu vida: preguntas sobre tu estado de salud actual, tu tiempo libre y tus gastos en experiencias de la vida. También te pregunta sobre el crecimiento de tus ingresos cada año y la tasa de rendimiento de tus inversiones financieras. Éstas son las principales variables que te ayudarán a determinar cuánta satisfacción puedes cosechar en la vida. De esta manera, verás por qué una aplicación es tan vitalmente importante. Resultaría demasiado agotador, tedioso y laborioso hacer los cálculos por ti mismo, porque necesitarías iterar el algoritmo de satisfacción varias veces, una por cada año de tu vida, actualizando tu puntuación de salud cada año y tomando parte de las entradas de datos de un año y usándola como input para el año siguiente, y luego intentando sumar correctamente las puntuaciones de satisfacción de todos esos años. La magia de la aplicación consiste en que puede hacer todos estos cálculos por ti de forma rápida y fácil.

Date cuenta, también, de que no hay, tan sólo, un cálculo que ejecutar. Eso se debe a que tu puntuación de satisfacción general depende de tus inputs o entradas de datos, y éstos pueden variar. Con esta aplicación puedes probar con distintas entradas de datos para ver su efecto sobre la puntuación total.

Por último, puedes incluso permitir que el motor de simulación funcione a rienda suelta. La razón de ser de la aplicación es ayudarte a invertir tu energía vital de la forma más eficiente posible y que maximice las experiencias, lo que también significa minimizar la cantidad de tiempo que pasas trabajando para ganar un dinero que probablemente nunca disfrutarás. Para dar con esta solución óptima, podrías juguetear con la aplicación todo el día y, pese a ello, no encontrar la mejor respuesta. Por lo tanto, en lugar de probar con distintos escenarios, puedes introducir algunas suposiciones sobre los valores de las variables que no puedes controlar, y permitir que la aplicación ejecute todas las posibles simulaciones para ti, y luego encontrar la que tenga la mayor puntuación de satisfacción y que después te muestre los valores óptimos para los factores que estén bajo tu control que han dado lugar a ese resultado óptimo.

Las respuestas para cada cual serán diferentes, y puede que te lleves algunas sorpresas, pero hay un principio fundamental que es invariable: no hay ninguna combinación óptima de decisiones en la que acabes con nada de dinero sobrante. Si deseas maximizar la realización en tu vida, lo ideal es que al final te lo hayas gastado todo. Ésta es, por supuesto, la idea básica de *Morir con cero*.

CRÉDITOS DE LAS ILUSTRACIONES

Los datos relativos al patrimonio neto usados en las ilustraciones de las páginas 60, 121, 164 y 167 proceden de la Reserva Federal de Estados Unidos (2016), tabla 2. Datos de Bricker, J. *et al.* (2017): «Changes in U.S. Family Finances from 2013 to 2016: Evidence from the Survey of Consumer Finances», *Federal Reserve Bulletin*, vol. 103, p. 13. www.federalreserve.gov/publications/files/scf17.pdf.

Los datos usados en la ilustración de la página 88 proceden de la Junta de Gobernadores del Sistema de la Reserva Federal de Estados Unidos (2018), figura 3. Datos de Feiveson, L. y Sabelhaus, J.: «How Does Intergenerational Wealth Transmission Affect Wealth Concentration?», FEDS Notes. Board of Governors of the Federal Reserve System. 1 de junio, 2018, doi:10.17016/2380-7172.2209. www.federalreserve.gov/econres/notes/feds-notes/how-does-interge-nerational-wealth-transmission-affect-wealth-concentration-accessi-ble-20180601.htm.

Los datos usados en la ilustración de la página 172 proceden de Foster, A. C.: «Consumer Expenditures Vary by Age», *Beyond the Numbers*, vol. 4, n.º 14 (diciembre, 2015), Bureau of Labor Statistics, www.bls.gov/opub/btn/volume-4/mobile/consumer-expenditures-vary-by-age.htm.

ÍNDICE ANALÍTICO

ÍNDICE

Tras más de veinte años investigando científicamente a los hombres más ricos de su época, Napoleon Hill aprendió el secreto de la riqueza del famoso industrial y escritor Andrew Carnegie. Carnegie no sólo llegó a ser multimillonario sino que hizo millonarios a una multitud de personas a las que enseñó su sabiduría.

Piense y hágase rico es una obra diseñada a partir de una experiencia para conseguir el triunfo económico y personal de la humanidad entera. Gracias a este libro, la riqueza y la realización personal están al alcance de todas aquellas personas que lo deseen. No dejes el éxito en manos de unos pocos y lucha por tu trozo de pastel.

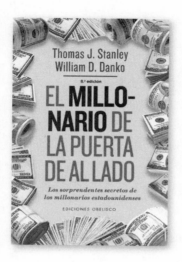

«¿Por qué no soy tan rico como debería?». Son muchas las personas que se hacen esta pregunta. Pero la mayoría de la gente tiene una idea errónea de cómo llegar a ser rico: los auténticos millonarios regatean el precio de coches de segunda mano; pagan impuestos bajos; crían unos hijos que, con frecuencia, ignoran que pertenecen a una familia adinerada hasta llegar a la edad adulta; y, sobre todo, rechazan llevar el estilo de vida de gran consumo que muchos asociamos a la gente rica. Gran parte de los millonarios norteamericanos no vive en Beverly Hills o en Park Avenue; es gente que vive junto a ti, en la puerta de al lado.

En un estudio de más de 1000 millonarios del mundo entero los autores descubren las claves para alcanzar la riqueza.